RECIPROCIDADE
e
CONTRATO

A Teoria da Causa e sua aplicação nos
contratos e nas relações "paracontratuais"

Conselho Editorial
André Luís Callegari
Carlos Alberto Alvaro de Oliveira
Carlos Alberto Molinaro
Daniel Francisco Mitidiero
Darci Guimarães Ribeiro
Draiton Gonzaga de Souza
Elaine Harzheim Macedo
Eugênio Facchini Neto
Giovani Agostini Saavedra
Ingo Wolfgang Sarlet
Jose Luis Bolzan de Morais
José Maria Rosa Tesheiner
Leandro Paulsen
Lenio Luiz Streck
Paulo Antônio Caliendo Velloso da Silveira

S586r   Silva, Luis Renato Ferreira da.

Reciprocidade e contrato: a teoria da causa e sua aplicação nos contratos e nas relações "paracontratuais" / Luis Renato Ferreira da Silva. – Porto Alegre: Livraria do Advogado Editora, 2013.

172 p.; 23 cm.

Inclui bibliografia.

ISBN 978-85-7348-868-5

1. Causalidade (Direito). 2. Contratos. 3. Direito - Teoria. 4. Obrigações (Direito). 5. Direito civil. I. Título.

CDU 340.12

CDD 340.1

Índice para catálogo sistemático:

1. Direito: Teoria   340.12
2. Contratos 347.44

(Bibliotecária responsável: Sabrina Leal Araujo – CRB 10/1507)

Luis Renato Ferreira da Silva

RECIPROCIDADE
e
CONTRATO

A Teoria da Causa e sua aplicação nos contratos e nas relações "paracontratuais"

Porto Alegre, 2013

© Luis Renato Ferreira da Silva, 2013

Capa, projeto gráfico e diagramação
Livraria do Advogado Editora

Revisão
Rosane Marques Borba

Direitos desta edição reservados por
Livraria do Advogado Editora Ltda.
Rua Riachuelo, 1300
90010-273 Porto Alegre RS
Fone/fax: 0800-51-7522
editora@livrariadoadvogado.com.br
www.doadvogado.com.br

Impresso no Brasil / Printed in Brazil

À memória do Prof. Antônio Junqueira de Azevedo,
mestre e exemplo.

À Clarissa, que já estava lá.

Agradecimentos

A lista de agradecimentos, em trabalho da monta de um doutorado, é sempre grande, pois passa-se por um período no qual tudo parece estar em ebulição. Por isso são lacunosas as lembranças e perigosas nessas lacunas.

Apesar disso, há, dentre as tantas, algumas que não são só fundamentais na elaboração do trabalho, mas no cotidiano do autor e são essas que não se pode deixar de agradecer.

Aos meus pais, que me deram o que de mais importante tenho, a formação moral e intelectual, a eles não devo apenas agradecer, mas retribuir, e espero estar fazendo-o.

À Maira, que justifica minha existência cotidiana porque "o sol não brilha na solidão" e com quem construí não esse trabalho mas a minha vida, com nossos filhos, Gabriel e Clarissa, a quem não devo agradecer, mas pedir desculpas pelo que lhes roubo de convívio, dedicando ao trabalho.

Ao Eduardo Mariotti, que representa o agradecimento aos amigos e colegas da advocacia, sem o suporte, a amizade e as doses de realidade que recebi ao longo desses mais de 20 anos de sociedade, muito do que fiz não seria possível.

Ao Professor Ruy Rosado, que representa o agradecimento aos mestres que tive e aos exemplos de dedicação e competência nas lidas jurídicas.

Ao Guilherme Nitschke, que representa o agradecimento aos alunos (especialmente os que superam o professor) que tenho tido nessa atividade que só me dá satisfação, o magistério, e sem cuja revisão esse trabalho não seria publicado.

Ao Leandro Paulsen, amigo, cujo apoio permitiu a presente edição.

Nota do autor

O presente livro nasceu da inquietação que sempre tive sobre o que, dentro da estrutura de um contrato, justificava a obrigatoriedade das prestações dos contratantes.

O tema não era novo quando decidi enfrentá-lo na pesquisa de doutorado, mas entre os estudos nacionais era surpreendentemente relegado a segundo plano com poucas contribuições acadêmicas.[1]

Por isso, quando me apresentei para o doutoramento junto à Universidade de São Paulo, sob a orientação do saudoso Prof. Antônio Junqueira de Azevedo, resolvi tentar entender a estrutura vinculativa dos contratos. O móvel à época era a insatisfação que me restara da pesquisa do mestrado. Quando escrevi a dissertação sobre revisão de contratos[2] tentei explicar o mecanismo revisional que ambicionava reequilibrar o contrato que perdera o seu sinalagma genético ou funcional como uma das operacionalidades do princípio da boa-fé objetiva.

Se é verdade que tal princípio pode, em algumas das razões de revisão, servir de justificativa jurídica, como no caso das cláusulas abusivas, sempre pareceu-me artificial pensar que na lesão ou na alteração das circunstâncias se pudesse utilizar o princípio da mesma forma.

Tinha a sensação de que, para além do comportamento das partes, havia na estrutura mesma do contrato uma correlação que importava em que deslocamentos patrimoniais não fossem desprovidos de correspectivos, de certa forma juridicizando uma expressão popular de que nos contratos há um "toma lá, da cá."

A busca começou pelo elemento objetivo que "vestia" os pactos nus no direito romano, passando pelo momento em que a vontade se

---

[1] No âmbito monográfico, havia a obra de Paulo Barbosa Campos Filho (*O Problema da causa no Código Civil Brasileiro*. São Paulo: Max Limonad, 1946) e de Torquato de Castro (*Da Causa no Contrato*. Recife: Imprensa Universitária, 1966) e de Paulo Lessa.

[2] Que viria a ser publicada sob o título "Revisão dos contratos: do Código Civil ao Código do Consumidor" em 1998.

torna o elemento suficiente para a obrigatoriedade (o que, em alguma medida nunca foi suficiente no direito anglo-saxônico), até surgir expressamente como um elemento autônomo, ainda que intermediário, entre a vontade e o objeto, tratado como causa expressamente em alguns ordenamentos.

Essa parábola, no sentido geométrico do termo, passa de um ponto ápice em queda curva até ascender novamente. Da necessidade de uma transposição patrimonial no direito romano, passa para sua insignificância quando basta o elemento volitivo, para tornar a ascender quando, modernamente, se fala em contratos sem consentimento ou em relações contratuais de fato.

O objetivo do trabalho foi diagnosticar esses estágios e verificar, ao final, como o elemento material de transposição patrimonial pode ser o parâmetro para dar efeitos contratuais a situações fáticas que a reproduzem sem algum ou alguns dos outros elementos normalmente exigidos para os contratos, além de explicar remédios jurídicos que se aplicam na fase de execução do contrato e que se prendem ao mesmo caráter sinalagmático.

Durante mais de dez anos, desde que o trabalho foi arguido e aprovado pela banca examinadora, mantive-o inédito pelas mais variadas circunstâncias da vida cotidiana. Nem por isso deixei de voltar a ele consistentemente. Agora, maduro nos meus erros, e incapaz de sozinho tentar solucioná-los, exponho o texto para que outros leitores possam apontar aquilo que não mais vejo, de tanto que olhei.

Prefácio

Causa é dos temas mais atormentados do Direito Civil. Desde a multiplicidade dos sentidos com que pode ser empregada até a acesa controvérsia sobre sua importância e seu significado, tudo favorece o surgimento de um ponto polêmico, até hoje não superado.

O seu estudo há de atender às lições da doutrina francesa, e começam aí as dificuldades, tal a diversidade de opiniões. No Brasil, o legislador procurou superar o problema deixando de referi-la, e assim aconteceu no Código Civil de 1916, repetindo-se em 2002. Mas a omissão da lei não é suficiente para fazer desaparecer uma realidade, e a dificuldade continuou.

É nesse intrincado terreno, de um conceito cuja precisão ainda não se pacificou, que se lançou o Dr. Luis Renato Ferreira da Silva. Mas a mão do mestre logo se fez sentir. Expostos os sentidos em que a palavra "causa" pode ser empregada, tratou de definir o objeto do seu trabalho, antecipando que estudará causa como a explicação da juridicidade de certos atos, uma "causa sinalagmática", assumindo como hipótese de trabalho a responsabilidade do *shopping center* pelos danos a veículos estacionados em seu parque.

No desdobramento do texto, o autor examina o conceito de sinalagma desde a experiência jurídica romana, e estuda a história da causa desde o medievo, passando por Domat e Pothier, a função da *consideration*, no direito inglês, a extensa e profunda doutrina francesa, e as lições dos mestres italianos e alemães. Ao final, utiliza-se de paradigmáticos precedentes jurisprudenciais para confrontá-los com a tese que sustenta.

Extrai-se do livro a ideia de que a permanência do sinalagma é fator de eficácia nos contratos; para as relações paracontratuais, a função da causa sinalagmática passa a ser a própria fonte geradora da obrigação. Eis a conclusão do autor: "Deste trabalho pode-se afirmar, então, que, diante do aparecimento de uma série de situações fáticas, que dia a dia vão se avolumando, verifica-se a existência de relações que importam em deslocamentos patrimoniais. Esses deslocamentos não estão justificados pela existência de um contrato ou de um ato ilícito. Nada obstante, têm sido tratados como originadores de obrigações. O fundamento para esta obrigatoriedade está no que aqui se chamou de causa sinalagmática".

Não vou antecipar ao leitor o conteúdo do livro, a quem deixo a curiosidade da leitura. Devo dizer, contudo, que se trata do mais claro, didático e completo estudo que se publicou entre nós sobre o difícil tema. Somente quem possui a nítida compreensão do seu assunto, que tem a inteligência para perceber suas nuanças e conta com aprofundado conhecimento da teoria geral do direito – pode fazer abordagem com essas qualidades, cada vez mais raras pela pressa com que são editados os trabalhos e pela facilidade de acumular informações, não analisadas e muitas vezes incompreendidas.

A qualidade da obra não surpreende. O Prof. Luis Renato Ferreira da Silva foi um dos mais brilhantes alunos do Curso de Pós-Graduação – Mestrado em Direito da UFRGS –, discípulo distinguido de Clovis Verissimo do Couto e Silva. Desde então, tem publicado obras jurídicas de valor, artigos em publicações especializadas, expositor talentoso, conferencista. Obteve com brilhantismo os títulos de Mestre e de Doutor, e recentemente assumiu a cadeira de Direito Empresarial da Faculdade de Direito da UFRGS, além de desenvolver intensa e competente atividade profissional.

Tive real proveito com a leitura do livro e me sinto honrado de prefaciá-lo, satisfação que decorre da qualidade do texto e das virtudes do seu autor.

Porto Alegre, 4 de março de 2013.

Ruy Rosado de Aguiar Júnior

Sumário

Introdução (do objeto da presente livro)..17

  1. A posição codificada e doutrinária sobre o tema.............................17

  2. Multiplicidade de sentidos da palavra "causa"...............................18

  3. A causa motivo...19

  4. A causa em sentido subjetivo..19

  5. A causa em sentido objetivo..19

  6. A causa como origem da obrigação..20

  7. A causa como razão da juridicidade de certos atos.........................21

  8. A causa como razão da manutenção da juridicidade de certos atos.................21

  9. A hipótese a ser comprovada no presente livro...............................22

  10. Um exemplo concreto da hipótese motora do livro........................23

  11. O plano do presente livro...24

Capítulo I – A noção de causa sinalagmática no Direito Romano....................27

  1. O sistema contratual do direito romano clássico e o papel desempenhado pela noção de sinalagma no seu alargamento.............................27

  2. A doutrina de Labeão...30

  3. A doutrina de Aristão...32

  4. As diferenças entre as duas opiniões..33

  5. As posições contrárias de alguns romanistas à interpretação aqui dada..........34

  6. A contraposição com as sistematizações de Gaio para as fontes das obrigações.35

  7. A doutrina dos pactos..35

  8. Os contratos inominados..37

  9. A causa na tradição..40

  10. Algumas conclusões...40

Capítulo II – As modificações no conceito de causa do Direito Medieval à Doutrina de Domat e Pothier...43

  1. Objetivo do capítulo..43

  2. A concepção de causa até a recepção do Direito Romano.................44

  3. O desenvolvimento na doutrina dos Glosadores.............................45

  4. O papel dos Canonistas..48

  5. Os comentadores civilistas...49

6. A sistematização de Domat e Pothier preparatória da noção de causa subjetiva..50
7. Plano dos próximos capítulos..52

Capítulo III – A doutrina da *consideration* e suas relações com a teoria da causa..53
1. *Consideration* e causa como considerandos na legislação.............53
2. *The law of uses* – primeira aparição da *consideration* em questões negociais......54
3. O papel do direito canônico e sua transposição para a *common law*.............55
4. A configuração moderna da *consideration*.....................................57
5. *Consideration* e causa sinalagmática..60
6. Objetivo e conclusões deste capítulo..61

Capítulo IV – A teoria da causa nos contratos sinalagmáticos (a causa subjetiva)..63
1. Objetivo do capítulo e seu enquadramento no plano do trabalho.............63
2. O regramento do Código Civil francês..66
3. O conceito de causa e a diferença com os motivos............................66
4. A falsa causa e a ausência de causa...68
5. A causa ilícita...68
6. A prova da causa...70
7. A doutrina anticausalista...71
8. A causa segundo Henri Capitant..72
9. Outras teorias sobre a causa...73
10. O papel da causa nos contratos sinalagmáticos: diferença entre o direito brasileiro e o francês...74
11. O papel da causa nos contratos sinalagmáticos: o sinalagma funcional.........77
12. A exceção do contrato não cumprido: conceito e pressupostos.............79
13. A exceção do contrato não cumprido: fundamento..........................85
14. Resolução por inadimplemento: conceito e pressupostos..................88
15. Resolução por inadimplemento: fundamento.................................95
16. A impossibilidade inimputável..96
17. Breve resumo do capítulo..98

Capítulo V – A Teoria Objetiva da Causa (o paradigma do Direito italiano e a pressuposição)..101
1. Plano do capítulo..101
2. As primeiras manifestações da causa em sentido objetivo.................103
3. A contraposição das teses de Giuseppe Stolfi e de Emilio Betti.........105
4. A teoria de Emilio Betti...107
5. As críticas à teoria adotada pelo Codice...110
6. A retomada da pressuposição (a tese de Mario Bessone)..................112
7. Continuação (a posição de Aldo Pellicanó).....................................115
8. A ligação com a causa sinalagmática (resumo do capítulo)................117

Capítulo VI – A causa sinalagmática como fundamento das relações paracontratuais..119
1. A permanência da causa como critério da obrigatoriedade de certas condutas...119

2. As várias teorias explicativas das relações fáticas ensejadoras de obrigações...122

3. O recurso à confiança e à boa-fé..125

4. A atuação no surgimento da obrigação (paralelo com o comportamento concludente e com o enriquecimento sem causa)....................................127

5. A estrutura negocial das relações paracontratuais...................................129

6. A causa sinalagmática e sua aplicação nas relações paracontratuais.............131

7. A causa sinalagmática nas relações contratuais e a sua extensão para as relações paracontratuais...134

8. A tentativa de aplicação concreta da ideia de causa sinalagmática...............136

Capítulo VII – A aplicação da causa sinalagmática na jurisprudência.............137

1. Objetivo do capítulo...137

2. O caso dos estacionamentos...137

3. O caso dos atos existenciais e os contratos automáticos............................142

4. O caso dos condomínios de fato..148

5. A aplicação em relações contratuais...150

6. O caso dos seguros do Sistema Financeiro de Habitação...........................151

7. O caso das quotas condominiais..154

8. O caso da devolução da matrícula..157

9. Conclusão do capítulo..159

Conclusão...161

Obras consultadas...167

Introdução (do objeto do presente livro)

1. A posição codificada e doutrinária sobre o tema

O Código Civil brasileiro não inseriu, entre os elementos necessários para a existência dos atos jurídicos, e em especial, dos contratos, a causa. Tampouco o fez quando elencou os requisitos de validade. Neste ponto, a diferença com sistemas como o francês ou o italiano torna compreensíveis certos posicionamentos doutrinários no sentido de que o direito civil nacional seria anticausalista.[3]

Não restaria dúvida desta posição se se levasse em conta, apenas, a opinião de Clóvis Beviláqua, que muito claramente expôs seu posicionamento contrário à causa.[4]

---

[3] SERPA LOPES, M. M. de. *Curso de Direito Civil*. 6. ed. Rio de Janeiro: Freitas Bastos, 1988, v. I, p. 429, afirma: "A idéia de causa (...) representa uma inutilidade. Disto é prova o nosso direito positivo. Dela nos libertamos, a partir do advento do Código Civil, e a Jurisprudência tem aplicado todas as conseqüências do contrato, naqueles pontos onde ela é indicada como única solução sem que de tal noção se houvesse sentido a menor falta". BARROS MONTEIRO, Washington de. *Curso de Direito Civil – Parte Geral*. 35. ed. São Paulo: Saraiva, 1997, p. 184, ao elencar os elementos constitutivos do ato jurídico, identifica a causa com o objeto, daí tornando-a desnecessária: "O Código Civil não se referiu à causa, isto é, ao fim visado pelo agente. Mas, como esclarece Capitant, causa é parte integrante do ato de vontade, confunde-se com o próprio escopo do ato. Assim, quando se diz que a causa ilícita vicia o ato jurídico, é porque o próprio objeto dele é ilícito". SILVA PEREIRA, Caio Mário da. *Instituições de Direito Civil*. 19. ed. Rio de Janeiro: Forense, 1998, v. I, p. 321-322, entendendo relevante a figura, atesta que não foi esta a posição codificada: "O direito brasileiro, nesta discussão sem fim, tomou partido na fileira anticausalista, e o Código Civil, não cogitou da sistemática da causa, parecendo ao legislador desnecessária a sua indagação (...) Assim procedendo, o nosso direito procurou simplificar a solução das questões, instilando maior segurança nos negócios e recusando que, a pretexto de investigar a causa, alguém se exacerbe na busca dos motivos".

[4] CAMPOS FILHO, Paulo Barbosa de. *O Problema da causa no código civil brasileiro*. São Paulo: Max Limonad, 1946, após expor a opção que se punha ao codificador afirma: "Entre uma e outra orientações, Clovis optou sem hesitar, pela segunda, deixando de se referir, no Projeto, à causa como condição de validade dos atos jurídicos" (p. 27). Narra o mesmo autor que, tão contrária era a posição do civilista que rebateu veementemente as opiniões dos congressistas que entendiam de maneira contrária, reeditando a posição de Théophile Huc, segundo a qual toda a doutrina da causa não passaria de um "quid pro quo filológico" pelo uso equivocado do termo "coze" como sinônimo de "res", coisa, no sentido de causa.

Não é de se estranhar o radicalismo contrário à figura, eis que, mesmo em ordenamentos que a adotaram de forma positiva, as opiniões desfavoráveis a ela são numerosas e intensas.[5]

Fica um pouco difícil, a esta altura dos estudos e escritos sobre a matéria, desvendar se as opiniões contrárias teriam origem na dificuldade e na complexidade do tema, ou se, ao contrário, o tema tornou-se complexo e difícil por força das confusões que, ao longo do tempo, os contraditores da utilidade da causa foram criando em torno da mesma.

Parece resultar induvidoso, porém (como se verá ao longo do livro), que não se pode abrir mão da causa, ainda que se a entenda mais como item explicativo da estrutura da obrigação ou do negócio jurídico do que como elemento constitutivo ou requisito de validade. Esta inafastabilidade do tema tem feito com que, apesar do repúdio do sistema codificado, os autores aceitem a figura, ainda que com sentidos, por vezes, distintos.[6]

2. Multiplicidade de sentidos da palavra "causa"

A própria palavra "causa", dotada de nítido caráter proteico, presta-se a diferentes concepções que a envolvem como instituto jurídico.[7]

Os vários autores que trataram da questão, em qualquer dos polos que estivessem – favoráveis ou contrários –, são uniformes em desvendar os vários sentidos que a palavra "causa" pode ter para o direito.

Costumeiramente, três sentidos são usados pelos doutrinadores.

---

[5] A lista dos autores que contraditam a utilidade da exigência de causa no direito francês, por exemplo, onde ela é regra positivada, já dá ideia do quão grandes são as posições contrárias. CAPITANT, Henri. *De la cause des obligations*. 3. ed. Paris: Librairie Dalloz, 1927, p. 8, arrola Laurent, Artur, Timbal, Huc, Baudry-Lacantinerie *et* Barde, Cronil, Planiol e Dabin (p. 8).

[6] Exemplificativamente, tratam do tema Orlando Gomes (*Introdução ao Direito Civil*. 12. ed. Rio de Janeiro, Forense, 1996, nº 203 e *Contratos*. 10. ed. Rio de Janeiro: Forense, 1984, nº 34); Carlos Alberto Bittar (*Direito dos Contratos e dos Atos Unilaterais*. Rio de Janeiro: Forense Universitária, 1990, nº 13); Torquato de Castro (*Da Causa no Contrato*. Recife: Imprensa Universitária, 1966); Custódio da Piedade Ubaldino Miranda (*Teoria Geral do Negócio Jurídico*. São Paulo: Atlas, 1991, cap. 6); F. C. Pontes de Miranda (*Tratado de Direito Privado*. 4. ed. São Paulo: RT, 1984, t. 3, § 262).

[7] GORLA, Gino. *El Contrato*. Barcelona: Bosch – Casa Editorial, 1959, v. 1, p. 343, afirma: "Es tal la ambigüedad terminológica y conceptual de la palabra 'causa', que ni siquiera los autores animados de más buena voluntad han conseguido sustraerse a ella y, cuando lo han intentado, han creado alguna vez nuevas confusiones".

3. A causa motivo

O primeiro é o que equipara causa a motivo. Aqui, a palavra desempenharia o papel de impulso psicológico que leva um determinado indivíduo a contratar com outro. A identidade de significados é, entretanto, afastada pelos autores que firmemente negam a sinonímia, para dizer que, quando os diplomas legais elencam a causa como integrante do contrato, fazem-no em sentido diverso do motivo psicológico.

4. A causa em sentido subjetivo

O segundo é o que vê na causa o objetivo do contrato. Trata-se da causa como fim almejado pelas partes contratantes. Ainda há um conteúdo subjetivo nesta concepção. A diferença fundamental reside em que o objetivo se externaliza e passa a compor o conteúdo do negócio. Integra, junto com a ideia de mútuo acordo, inerente a qualquer contrato, o conceito mais amplo de consentimento. A causa seria o fim contido em qualquer manifestação volitiva que o homem produza. No âmbito contratual, a manifestação de vontade é traduzida pelo termo "consentimento".

Consentir é acordar (em se tratando de contrato, de forma mútua), e completa-se o entendimento de um acordo porque as partes têm um fim em mente. Enquanto este fim não ultrapassa o foro íntimo do contratante, ele resta um motivo. Quando ele é exposto e aceito pela outra parte, ou pelo menos é presumidamente conhecido por ela, torna-se o fim comum do contrato, *rectius*, a causa.[8]

5. A causa em sentido objetivo

O terceiro sentido traduz a versão objetiva que alguns ordenamentos tentaram atribuir à causa para superar as críticas em relação ao sentido anterior. Fala-se de causa como a função econômico-social que o contrato exerce. Também aqui há uma ideia de fim, mas não mais de caráter subjetivo, porque preso às intenções dos contratantes

---

[8] Esta é a posição defendida por CAPITANT, op. cit., p. 19 : "Le but fait partie intégrante de la manifestation de volonté créatrice de l'obligation. On peut même dire quil en est l'élément essentiel (...) L'acte de volonté se compose de deux éléments: d'abord, le consentement, qui est le fait de promettre, de s'engager, et ensuite la considération du but à atteindre au moyen de cette promesse. L'obligation n'est qu'un moyen pour arriver à un but".

(ainda que conhecidas e aceitas reciprocamente), e sim de cunho objetivo.

A objetividade residiria em ser o fim econômico atribuído ao contrato não mais pelas partes nele envolvidas, mas pelo ordenamento jurídico. Este reconheceria, de forma típica ou não, o interesse social que justificaria o negócio. Aproxima-se a ideia de causa da noção de tipo contratual. Todo contrato desempenha uma função que o ordenamento jurídico reconhece e aceita. Quando as partes ingressam numa relação contratual, incorporam, como seu, o fim típico previsto para o contrato.[9]

Certo que a autonomia privada, princípio regente do direito contratual, deixa aos privados a possibilidade de adaptarem os variados tipos e até mesmo criarem tipos novos.[10] Tratar-se-ia, aqui, dos contratos inominados ou atípicos que, nem por isso, seriam desprovidos de causa, mas que expressariam conteúdos novos para o esquema causal de função econômica, pela inclusão de novas funções.

6. A causa como origem da obrigação

Esses têm sido os sentidos usualmente dados pelos tratadistas do tema. Nada obstante, é possível, distanciando-se da noção de fim, que perpassa as definições acima expostas, identificarem-se outros significados.

Dois deles são os que, neste livro, merecerão o exame mais detalhado e aprofundado.

Adotando-se a ideia de que causa traduz a razão de ser de alguma coisa, vê-se que subjaz a tal concepção o sentido de origem e não só de fim. Certo que as partes praticam determinados atos ambicionando o fim a ser atingido. Não por outro motivo se diz que a causa final é a última na consecução, embora seja a primeira na concepção. Porém, não se pode olvidar que a causalidade desempenha um papel explicativo do passado de um ato, mesmo, repita-se, justificando o

---

[9] Por todos, BETTI, Emilio. *Teoria Geral do Negócio Jurídico*. Coimbra: Coimbra Editora, 1969, t. 1, p. 334: "Em qualquer negócio, analisado no seu conteúdo, pode distinguir-se, logicamente, um regulamento de interesses nas relações privadas e, concretizada nele (...) uma razão prática típica que lhe é imanente, uma causa, um interesse social objetivo e socialmente verificável, a que ele deve corresponder (...)Nos negócios patrimoniais, esta causa tem já, de acordo com a consciência social, o valor justificativo, tanto da perda como da aquisição que o negócio é destinado a produzir...".

[10] O que vem expressamente afirmado no artigo 425 do Código Civil: "*É lícito às partes estipular contratos atípicos observadas as normas gerais fixadas neste Código*".

seu futuro. Só esta ambiguidade já exemplifica o que se disse acima sobre a complexidade e dificuldade do tema.

Portanto, voltando os olhos não para o fim, mas para a justificativa da existência de um ato como jurídico, pode-se adotar a palavra "causa" como sinônimo de fonte, de origem. Nesta acepção, o termo prende-se mais à ideia de obrigação, e não só à de contrato. Fala-se em causa da obrigação, ou seja, fonte da obrigação, entre as quais insere-se o contrato (ao lado dos atos unilaterais e dos atos ilícitos).

7. A causa como razão da juridicidade de certos atos

O outro sentido que a palavra comporta, na mesma linha de raciocínio de origens, traduz a causa como a explicação do porquê de certos atos obrigarem e outros não. Difere do sentido anterior, pois é como se ali se indagasse: "de onde surgem as obrigações?", e aqui se fizesse uma indagação prévia: "por que certas fontes são reconhecidas como originadoras de obrigação?".

Com tal conceito, fere-se a própria existência de um ato como sendo obrigacional e, como diz Antônio Junqueira de Azevedo, não haverá contrato sem causa, pois "...essa causa é, em termos de hoje, o próprio reconhecimento social do jurídico (...); ela é o que torna jurídico o negócio jurídico".[11]

8. A causa como razão da manutenção da juridicidade de certos atos

Esta justificativa da juridicidade de um ato como criador de obrigação, situando-se no seu nascedouro, pode transcender para a manutenção da própria obrigação. A causa da juridicidade, mantendo-se, justifica a permanência da obrigação e o surgimento dos efeitos dela derivados, transportando-se para o plano da eficácia, funcionando como fator de eficácia, um sexto significado que se traduz, agora, como causa de atribuição patrimonial.

O deslocamento patrimonial se justifica por causa de créditos recíprocos e anteriores, ou então por causa de um débito que se quer

---

[11] *Negócio Jurídico e Declaração Negocial (Noções Gerais e Formação da Declaração Negocial)*, tese no concurso para a cátedra de direito civil na Faculdade de Direito do Largo de São Francisco, USP, 1986.

extinguir ou, ainda, por uma liberalidade. Fala-se de *causa credendi*, *causa solvendi* e *causa donandi*.

Quem melhor sistematizou a matéria entre nós, fazendo as distinções não só nos três sentidos tradicionais, mas esclarecendo os demais significados, foi o citado Antônio Junqueira de Azevedo. A sua sistematização engloba cinco significados, eis que unifica a ideia de fim subjetivo e objetivo em um só sentido.[12]

9. A hipótese a ser comprovada no presente livro

O ponto central do livro reside no exame da causa como explicação da juridicidade de certos atos e que aqui se denominará de causa sinalagmática. Esta indagação surge em decorrência de uma propalada crise das fontes das obrigações.

Poder-se-ia tratar o tema apenas na tentativa de alargar tais fontes. Parece, entretanto, ser solução casuística que deixa de lado o critério que justifica o alargamento das fontes.

Por isso, a busca da causa da juridicidade da relação obrigacional importa em que se esmiúce o vínculo obrigacional dos contratos. Com isto quer-se verificar que conteúdo contratual faz surgir a obrigação e o que a mantém vinculando ao longo da vida contratual, e se o mesmo conteúdo aparece em outras situações limítrofes com o contrato, justificando que se lhes atribua caráter vinculativo.

Esta busca importa em que se elenque uma ou algumas hipóteses a serem confirmadas ou refutadas ao longo da obra.

A hipótese motora é a de que a causa da juridicidade de certos atos (não contratuais e não delituais) é o deslocamento patrimonial (atual ou potencial). Surge a obrigação como correspectivo de um fazer, ou não fazer, ou de um dar (já executado, de execução simultânea com o dar ou fazer do outro interessado ou de execução futura, mas já ensejadora de afetação do patrimônio do promitente), que produz um deslocamento (atual ou potencial) engajando o outro partícipe do ato.

---

[12] São os mesmos significados aqui expostos, apenas se tratou a ideia de fim subjetivo e objetivo em separado para deixar mais nítido o antagonismo com a ideia de causa da juridicidade. Em dois momentos o mestre do Largo São Francisco tratou do tema. Tanto na obra já citada, em um *excursus* (p. 121-129), quanto no livro *Negócio Jurídico. Existência, Validade e Eficácia*. 2. ed. São Paulo: Saraiva, 1986, no título III do § 3º do capítulo terceiro.

Trata-se de figura também presente nos contratos, mas que foi perdendo força, ao longo dos séculos, em virtude da dominação produzida pelo consensualismo.

Também o contrato se justifica juridicamente por uma causa que tem aspecto de deslocamento, concepção esta que foi sendo complementada, e até mesmo superada, no curso da história jurídica, pelo papel da vontade.

Não se está, de forma alguma, negando que a vontade desempenhe este papel e que ela ainda seja central nos ordenamentos vigentes. O que se sustenta, entretanto, é que, apesar de o consentimento ser o móvel da juridicidade nos contratos, subjaz uma justificativa patrimonial que cumpre funções próprias na vida contratual. Tanto que, como se tentará demonstrar, mesmo em ordenamentos como o francês, admite-se uma projeção do conceito de causa para a fase de execução do contrato, explicando-se a manutenção ou não da eficácia obrigatória do contrato pela ideia de causa.

Em se admitindo esta hipótese, é possível transpor o raciocínio contratual, despojado do consentimento e centrado nesta causa que traduz uma reciprocidade comportamental. Daí o destaque para o caráter recíproco ou sinalagmático do contexto.

10. Um exemplo concreto da hipótese motora do livro

Adianto um exemplo atual, que foi tormentoso na jurisprudência nacional, e que é um fato a ser investigado à luz da ideia que se desenvolve. Trata-se da responsabilidade de supermercados ou *shopping centers* pelos automóveis estacionados em suas dependências.

Os casos se sucedem nos tribunais[13] e a explicação tem sido, na maioria das vezes, a de que se está diante de um contrato de depósito. Esta explicação, a meu juízo, força uma realidade, visto que, de fato, não se pode falar em ato ilícito (nada obstante alguns acórdãos sobre o tema fundarem-se no art. 186 do Código Civil) ou ato unilateral. Como nestas últimas não se cogita do enquadramento, sobraria a fonte contratual.

---

[13] A tal ponto a matéria é recorrente que o Superior Tribunal de Justiça já editou súmula, a de nº 130, cujo teor fixa: "A empresa responde, perante o cliente, pela reparação do dano ou furto de veículo ocorrido em seu estabelecimento". Justificando como responsabilidade contratual, podem ser elencados, exemplificativamente, os REsp nº 4.582-0-SP e nº 5.886-0-SP, ambos publicados na Revista do STJ 72-353 e 357, respectivamente. Outros acórdãos optam pelo ato ilícito, por verem uma violação ao dever de vigilância, como os REsp. nº 7.134-0-SP e nº 7.901-0-SP, na RSTJ 72/367 e 371.

Um exame do esquema contratual demonstra a artificialidade da construção. Onde reside o consentimento das partes se o acesso ao estacionamento é amplo e irrestrito, não se visualizando nenhum tipo de declaração (ou até mesmo comportamento concludente) que o manifeste?

Por que não se permitir uma limitação da responsabilidade, se se trata de campo de atuação da autonomia privada?

Nem se diga que tais restrições derivariam das regras do direito do consumidor, pois (a) não há uma necessária identidade com as relações de consumo e (b) porque a figura aceita – contrato de depósito – tem nítido caráter civilístico. Ademais de se tratar, como dito, de um exemplo da deficiência do sistema de fontes.

Não se estaria, no caso, diante de uma obrigação que encontra justificativa menos no consenso, e mais nas vantagens que as partes pretendem retirar da relação que mantêm? Não haveria um dever recíproco de responder pelos danos oriundos ao veículo na justa medida em que o estabelecimento se locupleta com a vinda do freguês e usa isto como meio de captação de clientes? Quem ignora que, nos dias atuais, a insegurança nas grandes cidades faz com que as pessoas temam sair de casa e, ao fazê-lo, busquem o lugar mais seguro (restaurantes com manobristas, *shopping centers* que têm estacionamentos)? O oferecimento do estacionamento é feito com um fim interessado e dos resultados deste interesse (vantagem auferida pelo dono do estacionamento) sobrevém a correspectiva obrigação de efetivar a referida segurança.[14]

Neste esquema há, certamente, a troca de prestações, mas não parece que se possa falar em um contrato. Há, como diz a doutrina alemã, um contato que gera obrigações. Bem, qual a causa de certos contatos gerarem obrigações e outros não? (por exemplo, o fato de o cidadão estacionar o automóvel na rua, ainda que seja, por exemplo, para ir à repartição pagar um tributo, não obriga a municipalidade a indenizá-lo...).

11. O plano do presente livro

É na tentativa de explicação de circunstâncias como as descritas no item anterior que se estriba a presente investigação e é neste sen-

---

[14] Com uma fundamentação mais próxima da hipótese aqui levantada, mas não idêntica, eis que fundada na boa-fé objetiva, o que não é a opção de investigação deste livro, a decisão da 4ª Turma do STJ, em acórdão da lavra do Min. Ruy Rosado de Aguiar Jr. no REsp. nº 47.901-3-SP em que se lê, a certa altura: "Não há cuidar de contrato de depósito, simplesmente porque não existe contrato de depósito. Há apenas o descumprimento do dever de proteção, que deriva da boa-fé, dever secundário independente", publicado na RSTJ 66/20.

tido que se usa a palavra "causa". Para chegar até ela, faz-se mister examinar: (a) a presença da noção de sinalagma, entendido como reciprocidade das obrigações, para verificar como ela perdeu a centralidade que teve (o que justifica o estudo, como feito, do direito romano e do direito medieval até o advento do Código Civil francês), estabelecendo um paralelo com o sistema da *common law,* a fim de verificar se algo semelhante ocorreu e, com isto, ilustrar a permanência, ou não, da ideia sinalagmática.

A seguir, (b) deve-se ver como os ordenamentos fundados no consensualismo e tendo a manifestação ou a declaração de vontade como eixo fundador dos contratos tratam a relação sinalagmática, investigando se dela se valem e com que fim. Isto é feito pelo exame da causa subjetiva, tomando como paradigma o direito francês, e pelo exame da causa objetiva, utilizando-se o direito italiano como modelo.

Verificada a presença, ou não, de relação sinalagmática em sistemas que contemplam a obrigação oriunda do contrato como sendo fundada na vontade, busca-se (c) ver se, presente a noção, pode-se utilizá-la, estendê-la para além dos contratos, enquadrando, como fonte de vinculatividade obrigacional, determinadas circunstâncias não enquadráveis nas fontes contratuais ou delituais. Neste ponto, o fundamental é verificar a razão do surgimento da obrigatoriedade nessas relações, com isto buscando uma categorização da ideia de causa sinalagmática (isto se fará, de um lado, buscando uma justificativa teórica e, de outro, uma comprovação prática em casos concretos examinados pelos tribunais brasileiros).

Capítulo I

A noção de causa sinalagmática no Direito Romano

1. O sistema contratual do direito romano clássico e o papel desempenhado pela noção de sinalagma no seu alargamento

Segundo G. Gorla, o direito romano não comportava uma sistemática da causa no sentido de justificação, de reconhecimento jurídico, como modernamente se entende.[15] É que muitos eram os usos que se faziam da palavra, de modo a não se ter um significado técnico uniforme.[16]

No direito romano clássico, vigorou um sistema contratual bastante formal, ao início, e que foi, paulatinamente, perdendo tal rigor. Classicamente, os contratos dependiam de um esquema típico para serem reconhecidos como geradores de uma ação e, com isto, alcançarem efeitos jurídicos próprios.

O sistema processual romano acentuava a *actio* como reconhecimento jurídico do direito individual, de modo que se possa dizer que, ao contrário do sistema atual – no qual o direito subjetivo tem primazia, gerando, inclusive, uma ação processual abstrata –, o direito romano era um sistema de ações.

As ações, uma vez reconhecidas como existentes, é que autorizavam a demanda. Isto acabou por impor uma restrição à criação de situações ao talante das partes.

---

[15] "... el concepto moderno de 'causa', en el sentido de razón justificadora de la sanción (de un contrato constituído por el 'consentimiento'), es un concepto exclusivamente nuestro que no podemos atribuir a los romanos", *El Contrato*, op. cit., p. 31.

[16] BROGGINI, Gerardo. Causa e Contratto. *Causa e contratto nella prospettiva storico-comparatistica.* Turim: G. Giappichelli Editore, p. 11, afirma: "Il linguaggio giuridico romano fa un uso del termine di causa straordinariamente ampio e ricco di varianti, tanto ampio e ricco da permettere di affermare con piena ragione che esso non ha – per lo più – un significato tecnico e omogeneo".

RECIPROCIDADE E CONTRATO

No campo do direito contratual, isto refletiu-se na tipicidade dos contratos. Reconheciam-se, para um número limitado, ações que os protegiam e, portanto, apenas aqueles que revestissem os elementos típicos gerariam ação, *rectius*, teriam reconhecimento jurídico.

O sistema contratual romano tradicional (que não é objeto deste estudo) pode ser dividido em contratos formais e em contratos nos quais ocorresse a entrega de uma coisa.[17] Isto se traduzia, primeiro, no reconhecimento de um contrato formal de caráter genérico denominado *stipulatio*. Depois, em grupos de contratos que surgiriam porque presente o seu elemento gerador, classificados em contratos *re*, *verbis*, *litteris* e *consensus*. Nos contratos *re* estavam todos aqueles cujo aperfeiçoamento se dava mediante a entrega de uma coisa (mútuo, depósito, comodato e *pignus*). No contrato verbal (do qual a própria *stipulatio* é exemplo), as palavras ditas geravam a obrigatoriedade. O contrato *litteris* originou-se da escrituração formal do crédito feito pelo credor (reconhecendo-se tal origem na *expensilatio*). Já os contratos consensuais, em que, aparentemente, a simples manifestação de vontade justificaria a obrigação, eram bem restritos (quiçá pela suficiência excepcional do consentimento). Nesta categoria, incluíam-se os contratos de compra e venda, locação, sociedade e mandato.[18]

Um sistema assim rígido pode servir a uma sociedade na qual as relações econômicas sejam mais simples. À medida que isto vai se modificando, inevitavelmente surgem questões que demandam soluções não encontráveis no sistema. As várias e sucessivas etapas pelas quais passou o direito romano comprovam isto. O papel desempenhado pelo pretor servia a este fim de adaptação a novas realidades e influenciou o direito quiritário a ponto de, fundindo-se com ele, acabar por praticamente absorvê-lo.

Assim, foram surgindo situações para as quais o sistema típico se mostrava insuficiente, carecia-se do reconhecimento jurídico para uma série de circunstâncias. Neste sentido, a noção de sinalagma acabou desenvolvendo um papel fundamental, pois serviu de paradigma

---

[17] MOREIRA ALVES, José Carlos. *Direito Romano*. 5. ed. Rio de Janeiro: Forense, 1995, v. 2, p. 123, afirma: "No direito clássico, os juristas, ao invés de conceberem o *contrato* como uma categoria geral e abstrata, conheciam apenas alguns tipos de contrato (*contractus*), em que – segundo concepção romana – não é o acordo de vontade (elemento subjetivo pressuposto no contrato) que faz surgir a obrigação, mas, sim, um elemento objetivo (observância de formalidades, ou entrega da coisa: *forma* ou *datio rei*)" (o itálico de algumas palavras consta do texto original).

[18] A bibliografia acerca da estrutura contratual romana é bastante vasta, e uma visão esquemática como a posta no texto está presente em todos os manuais de direito romano, de modo que, pela notoriedade do ponto, não há porque fazer-se citação extensa. Para um exame detalhado do tema, porém, remete-se à obra de GROSSO, Giuseppe. *Il Sistema Romani dei Contratti*. 2. ed. Turim: G. Giappichelli, 1949.

para que certas relações (não enquadráveis em contratos tipificados) pudessem ensejar uma proteção (fosse, em algumas oportunidades, por intermédio de uma *exceptio*, fosse, em outras, pela concessão de uma *actio* de caráter geral, ou mesmo, ver-se-á mais adiante, de cunho propriamente contratual).

No presente capítulo, quer-se verificar, dentro da ideia geral do trabalho, como os jurisconsultos romanos enfrentaram o problema da insuficiência das fontes. Na realidade, na ótica aqui adotada, eles produziram solução muito próxima à que se propugna.

Alexandre Correia e Gaetano Sciascia, explicando a origem dos contratos inominados, expressam a ideia que se está expondo (o que justifica a transcrição, ainda que extensa). Dizem eles: "Os jurisconsultos, observando que muitas relações jurídicas, embora não pudessem ser sistematizadas nas categorias normais dos contratos, apresentavam, contudo caracteres muito semelhantes aos dos atos bilaterais, levantaram o difícil problema da proteção a ser concedida a tais relações. O problema se resumia no seguinte: se um dos contratantes se recusa a cumprir a prestação, que ação se deveria conceder ao outro? Mais apegados à tradição, os Sabinianos negaram o caráter civil desses atos, sustentado (*sic*) que o pretor devia protegê-los com ações *de dolo* ou com fórmulas *in factum*, de modo ao juiz poder condenar a parte faltosa a pagar uma quantia como indenização. Menos formalistas e mais aderentes à realidade, os Proculianos reconheceram, pelo contrário, a natureza civil dessas relações, admitindo, por consequência, devessem ser protegidas mediante *actiones civiles*; também a *actio civilis incertis* chamada mais tarde *actio praescriptis verbis*, porque na *demonstratio* da fórmula devia descrever-se a figura do ato donde emanava a obrigação".[19]

Em pelo menos duas passagens clássicas do Digesto é possível verificarem-se conceitos que, de uma forma ou de outra, contêm essa estrutura permissiva de negócios ou contratos que tangenciavam os rígidos esquemas formais romanos. Para tanto, invocavam noção semelhante à que, neste livro, se pretende concluir como sendo a de causa sinalagmática. O capítulo estrutura-se, basicamente, no exame desses textos.

---

[19] *Manual de Direito Romano*. 4. ed. São Paulo: Saraiva, 1961, v. 1, p. 295. KASER, Max. *Direito Privado Romano*. Lisboa: Fundação Calouste Gulbenkian, 1999, p. 264, afirma que a *actio in factum* era atribuída sempre nos casos em que não coubesse uma ação própria, o que seguiria, segundo ele, alguma influência de "modelos helenísticos". O fato de conceder-se tal *actio* estaria amparado em que "A legítima exigência de prestação pela parte que já cumpriu, não deveria ser frustrada por dificuldades de subsunção jurídica".

Trata-se das passagens contidas no D. 50, 16, 19 e D. 2, 14, 7, 1-4.[20] Nestes dois excertos tem-se o conceito que Labeão e Aristão elaboram sobre o contrato. Nos dois trechos vê-se, claramente, a presença da causa (no sentido de transposição patrimonial) como sendo um elemento explicativo do vínculo obrigacional criado.

2. A doutrina de Labeão

Labeão elabora seu conceito nos fins da República, início do Principado – justamente quando começavam a aparecer os formulários –, e atestam os romanistas que este é o momento de grande modificação nos contratos obrigacionais. Isto decorre da gradual queda do formalismo antes vigorante. Neste sentido, Mario Talamanca[21] afirma que, neste período, a clássica bipartição das fontes entre "contratuais-delituais" que aparece mais tarde em Gaio[22] não era a praticada. O sistema praticado se aproximaria mais da classificação contida na obra denominada *res cottidianae* do mesmo Gaio, e que é tripartida.[23]

A passagem de Labeão, antes referida, está em Ulpiano, comentário 11 ao edito: "Labeón, 1 ed., distingue entre hacer 'actos', 'gestos' y 'contratos', y lo define así: 'actos' es un término general, hágase con palabras o de hecho, como la estipulación y el pago de dinero; 'contrato' es la obligación recíproca, que los Griegos llaman synallagma, como la compraventa, la locación-conducción «o arrendamiento», la sociedad; 'gestum' «o gestión» quiere decir lo que se hace sin declaración de palabras".

Neste trecho, percebe-se que o jurista romano tornava inerente à estrutura dos contratos a ideia de *ultro citroque obligationem*, quer dizer, de reciprocidade, exemplificando esta estrutura com os contratos consensuais de compra e venda, locação e sociedade.

---

[20] As passagens do Digesto serão citadas em espanhol e tiradas da tradução de ÁLVARO D'ORS. *El Digesto de Justiniano*, Editorial Aranzadi, Pamplona, tomos 1, 1968, 2, 1972 e 3, 1975.

[21] La Tipicità dei Contratti Romani fra 'Conventio' e 'Stipulatio' fino a Labeone. *Contractus e Pactum – Tipicità e Libertà Negoziale nell'Esperienza Tardo-Repubblicana*. Edizioni Scientifiche Italiane, Roma, 1990, p. 35-108, trecho referido, p. 40.

[22] Institutas, III, 88: "summa divisio in duas species deducitur: omnis enim obligatio vel ex contractu nascitur vel ex delicto".

[23] O excerto da *res cottidianae* ou *aurea* contido em D. 44, 7, 1, pr, traz, além do contrato e do delito, as várias causas de direito: "Obligationes aut ex contractu nascuntur aut ex maleficio aut proprio quodam iure ex variis causarum figuris". Ainda que se discuta o fato da res cottidianae ser obra de Gaio, segundo G. Grosso "...rende in ogni modo plausibile l'opinione che alla base di ulteriori rielaborazioni stia già un lavoro dello stesso Gaio, o almeno degli appunti da lezioni, messi insieme da un allievo" (*Il Sistema...*, op. cit., p. 17).

Em outras passagens atribuídas a Labeão descobre-se esta mesma ideia. São trechos nos quais, não se vislumbrando nenhuma das categorias contratuais típicas, concede-se a *actio praescriptis verbis* ou *civilis actio in factum*, para proteger a relação sinalagmática surgida de fato. É o caso constante do D. 19, 5, 20 pr. Cogita-se ali daquilo que, hoje, o artigo 509 do Código Civil denomina de "venda a contento", no caso de cavalos que, durante o prazo de experimento, são usados pelo comprador em uma corrida. Se o comprador ganhou o prêmio e, depois, recusa a compra, Labeão entende que se deve dar a *actio venditi*. Dele parece discordar Ulpiano (em cujo comentário 32 ao edito encontra-se a citação de Labeão) pois agrega, no referido texto, que "...creo que es más cierto que se ha de demandar por la acción de las palabras prescritas, porque entre nosotros se acordó que hicieses un experimento gratuito, no que participases de una competición".

Em D. 19, 5, pr-2, Papiano, 8, *quaestiones*, afirma que às vezes há problemas no esquema especificamente tipificado, de modo a não se poder falar em um nome próprio para a demanda. Nestes casos, refere que se recorre àquelas ações denominadas ações de fato. E cita como exemplo Labeão: "(1) Escribe Labeón que se ha de dar la acción civil por el hecho al propietário de las mercancías contra el patrón de una nave cuando se dude si tomó en arriendo la nave o dio en arriendo el transporte de las mercancías. (2) Asimismo, si alguno entrega una cosa con objeto de que se averigue su precio, no será depósito ni comodato; pero si el que la tiene no se comportó de buena fe, se da la acción civil por el hecho".

A ideia subjacente, independente de a ação ser uma ou outra, e que interessa para o que aqui se deduz, é a de que, fora dos esquemas típicos, se vislumbrava a necessidade de uma recomposição da vantagem auferida por um, em detrimento de outro. Isto abrangia todas as relações nas quais aparecia a ideia de bilateralidade, fosse a que hoje se denomina perfeita (porque conatural ao surgimento do contrato), fosse a imperfeita (porque surgida ao longo da execução contratual).

Isto permite dessumir das passagens nas quais aparece o pensamento de Labeão que, para a sua sistemática, (a) o contrato é o ato que obriga reciprocamente, com a presença de prestações correspectivas, que se justificam uma pela outra, e que (b) os contratos consensuais correspectivos são exemplos da categoria, não exaurindo-a.[24]

---

[24] Opinião expressa por GALLO, Fillipo. *Synallagma e Conventio nel Contratto*. Turim: G. Giappichelli Editore, 1992, p. 159.

3. A doutrina de Aristão

Já o segundo trecho referido, que cita Aristão, traz noção assemelhada, ainda que não idêntica. Consta de passagem célebre de comentário de Ulpiano 4 ao edito, em D. 2, 14, 7, pr-2: "De las convenciones de derecho de gentes, unas engendran acciones y otras, excepciones. (1) Las que engendran acciones no se llaman simplemente convenciones, sino que pasan a tener el nombre de un contrato, como la compraventa, el arrendamiento, la sociedad, el comodato, el depósito y los demás contratos semejantes. (2) Cuando el negocio no pasa de tener nombre de contrato, pero existe, sin embargo, una causa, respondió elegantemente Aristón a Celso que hay una obligación; por ejemplo, si te di una cosa para que me dieses otra, o bien te la di para que hagas algo; esto es «en Griego» un synallagma, y nace de aquí una obligación civil. Por ello estimo que Juliano ha sido reprochado rectamente por Mauriciano respecto al siguiente caso: te di el esclavo Estico para que manumitas a Pánfilo; los has manumitido, y Estico fue objeto de evicción. Juliano escribe que el pretor ha de dar una acción por el hecho. Mauriciano que basta la acción civil de cosa incierta, es decir, la acción de palabras prescritas, pues existe un contrato que Aristón llama «en Griego» synallagma, de donde nace esa acción".[25]

Segundo F. Gallo,[26] a noção de sinalagma adotada por Aristão tinha origem aristotélica. Na "Ética a Nicômacos", vê-se que o filósofo grego sustentava que a justiça particular estribava-se na ideia de reequilíbrio. A certa altura diz Aristóteles: "A reciprocidade proporcional se efetua através de uma conjunção cruzada. Suponhamos, por exemplo, que A é um construtor, B é um sapateiro, C é uma casa e D é um par de sapatos. O construtor deve obter do sapateiro o produto do trabalho deste, e deve por sua vez oferecer-lhe em retribuição o produto de seu próprio trabalho. Se houver uma igualdade proporcional dos bens, e se ocorrer uma ação recíproca, verificar-se-á o resultado que mencionamos. Se não ocorrerem estas duas circunstâncias, a permuta não será igual, e o relacionamento não continuará".[27]

---

[25] Dando a importância para o excerto, afirma Tommaso Dalla Massara (*Alle Origini Della Causa del Contratto*. Pádua: CEDAM, 2004, p. 10, onde se lê: "É infatti in questo passo che assume pieno e autonomo rilievo, come sembra mai avesse avuto nella giurisprudenza precedente, l'idea di causa del contratto".

[26] Ai primordi del passaggio della sinallagmaticità dal piano delle obbligazioni a quello delle prestazioni. *Causa e contratto nella prospettiva storico-comparatistica*, p. 72.

[27] *Ética a Nicômacos*. 3. ed. Brasília: Editora UNB, 1999, p. 99, Livro 5, nº 5, passagem 1133a. O tema está mais desenvolvido no capítulo VI, nº 6, *infra*.

Trata-se da manutenção da ideia de reciprocidade nas relações e que encontra respaldo em uma forma de equilíbrio que, se não é idêntico em valor, é proporcional na distribuição dos ônus e vantagens.

Aliás, Michel Villey atesta a influência destas ideias de Aristóteles em vários institutos romanos, embora não refira a noção de causa como aqui versada.[28]

4. As diferenças entre as duas opiniões

É ainda F. Gallo quem explica que os exemplos de Aristão partem da relação *do ut des* e *do ut facias*, ao contrário dos de Labeão, que exemplifica a relação sinalagmática com contratos consensuais.[29] Isto demonstraria alguma diferença na concepção que cada um tinha de sinalagma. Para Aristão, interessava a relação fática, econômica, de deslocamento patrimonial, que, dentro dos estritos termos da sistematicidade obrigacional romana, não encontrava apoio em uma estrutura juridicamente protegida. Já para Labeão, além da relação econômica de deslocamento, havia um revestimento jurídico, tanto que seus exemplos sempre enfocam uma relação juridicamente protegida, ainda que dubitativa acerca da exata ação a ser utilizada.[30]

Nota-se que todos os exemplos em que se cita Labeão estão envolvidas figuras típicas sobre as quais se tem alguma dúvida quanto ao aperfeiçoamento de um tipo. Isto aparece nos trechos antes citados, em que há dúvida se era compra e venda ou não (caso dos cavalos) ou se era arrendamento ou transporte (no caso das mercadorias no barco)

---

[28] "En fait les juristes romains ont méthodiquement exploité ce dernier principe (théorie de l'enrichissement sans cause – mutuum – juste prix – damnum – injuria datum – condictiones sine causa)" (*La Formación de la pensée juridique moderne*. 4. ed. Paris: versão datilografada, 1975, p. 41).

[29] Também afirmando essa diferença Carlo Pelloso ("Le Origini Aristoteliche del συναλλαγμα di Aristone" *in* La Compravendita e l'interdipendenza delle obbligazioni nel diritto romano, tomo I, CEDAM, 2007, págs. 3/100). Entretanto o autor afirma "...la sinallagmaticità o bilateralità oggettiva esiste, nella prima teorizzazione (a de Labeão), sia sul piano economico che su quello giuridico, in quanto dal negozio sorgono obbligazioni a carico e a favore di entrambe le parti. Anche nel συναλλαγμα di Aristone si riscontra, certo, il profilo della bilateralità oggettiva, ma esclusivamente sotto l'aspetto economico..." (p. 89).

[30] "Assumendo come paradigma del συναλλαγμα labeoniano la compravendita consensuale e come paradigma di quello aristoniano la permuta reale, le discrepanze appaiono evidenti. Come ho già notato, la sinallagmaticità esiste, nella prima, tanto sul piano economico che su quello giuridico: dal negozio sorgono obbligazioni a carico e a favore di entrambe le parti. Viceversa, nella seconda, essa esiste solo sotto il profilo economico: sul piano giuridico la datio iniziale è attratta nella fattispecie negoziale, producente obbligazioni solo a carico dell'accipiente" (*Ai primordi...*, artigo citado , p. 72).

ou, ainda, se se tratava de comodato ou depósito (no caso da dação para averiguação do preço).

Apesar dessas diferenças, o que se vê em ambos é que não basta o consenso para que se justifique a existência da relação obrigacional. Isto vem a ser confirmado por Ulpiano no trecho seguinte à citação de Aristão, quando diz no D. 2, 14, 7, 4: "En cambio, cuando no existe ninguna causa, consta que no puede constituirse obligación en base a la convención...".

5. As posições contrárias de alguns romanistas à interpretação aqui dada

As opiniões parcialmente divergentes acima examinadas mantiveram-se, a bem da verdade, marginais à sistemática consagrada. A tipicidade contratual surge como uma espécie de substituição ao formalismo.[31] Nem mesmo Gaio seguiu a concepção de Labeão ou de Aristão. Para ele, o contrato era o ato subjetivamente bilateral produtor de obrigações e não apenas o que gerasse obrigações recíprocas. Daí que considerasse a *stipulatio* como um contrato, o que Labeão, como se viu, considerava um *actus*.[32]

Tampouco se pode afirmar que entre os romanistas da atualidade os posicionamentos até aqui expostos são unânimes. Raimondo Santoro entende que o termo "causa", na passagem D. 2, 14, 7, 2, pr. e 4, não alude à *datio* inicial, e sim ao fim negocial (o que a teoria objetiva da causa torna sinônimo de função).[33]

Também M. Talamanca não concorda com a posição que reconhece dominante, sobre ser a passagem de D. 50, 16, 19 identificadora de uma definição genérica de contrato da parte de Labeão. Para esse romanista, o trecho traduz uma preocupação do jurista romano em estabelecer a precisa *fattispecie* contratual (o que seria um dos papéis desempenhados, no moderno direito italiano, pela teoria da causa como função econômico-social típica). Não definida esta, atribuía para a situação a *actio praescriptis verbis*, ao invés da ação contratual mais próxima.

Nem uma, nem outra das objeções, porém, inibe a construção que aqui se tenta fazer. Isto porque, mesmo aceitando-as, resta a

---

[31] Neste sentido, a lição de M. TALAMANCA, *La tipicità...* op. cit., p. 50 e 65.

[32] F. GALLO, *Synallagma e Conventio...*, op. cit., p. 158.

[33] La Causa delle Convenzioni Atipiche. *Causa e Contratto...*, op. cit. , p. 85 e seguintes, em especial §§ 2 e 20.

necessidade de encontrar, em um sistema formal, típico e limitado como o contratual romano, uma solução para situações carentes de um reequilíbrio ou de uma justificação para a atribuição patrimonial gerar obrigações recíprocas. Este é o sentido que se quer atribuir à palavra "causa" e como se quer vê-la presente no ordenamento jurídico moderno.

6. A contraposição com as sistematizações de Gaio para as fontes das obrigações

Em um primeiro momento, pode-se ver que em várias passagens, justificando o surgimento de uma *actio*, figura o deslocamento patrimonial não oriundo de um contrato ou de um delito.

Dentro da tradicional classificação das fontes das obrigações retirada das Instituições de Gaio, que é bipartida (*vel ex contractu ... vel ex delicto*[34]), o entendimento exposto não encontraria guarida. Se, porém, adotada a classificação tripartida, atribuída ao mesmo Gaio na *res cottidianae*[35] (*aut ex contractu ... aut ex maleficio aut proprio quodam iure ex variis causarum figuris*), tem-se uma visualização mais abrangente.

Apesar disto, quando Labeão formula seu conceito, o faz em um período anterior, nos fins da República, início do Principado, e atestam os romanistas – como antes referido – que é o momento de grande modificação nos contratos obrigacionais. Isto decorre da gradual queda do formalismo antes vigorante. Fica reforçada a ideia de que a classificação bipartida já não era praticada naquela época.[36]

7. A doutrina dos pactos

A rigidez formal do sistema gerou a ideia de que certos atos, por carecerem de tipicidade, por não se revestirem das formalidades necessárias, não gerariam uma *actio*. Trata-se da já citada figura dos pactos. Segundo Ulpiano, "...el simple pacto no engendra obligación, sino excepción".[37] Nada obstante isto, noção assemelhada à que aqui se vem desenvolvendo fornecia uma *exceptio*, ponto que corrobora a presença da ideia de causa sinalagmática no sistema romano.

---

[34] Institutas, III, 88.

[35] D. 44, 7, 1, pr.

[36] Neste sentido, M. TALAMANCA. *La Tipicità dei Contratti...*, op. cit., p. 40.

[37] D. 2, 14, 7, 4.

A figura dos pactos permite, em primeiro lugar, que se afirme a insuficiência da manifestação de vontade como fonte geradora de obrigação. Ou bem havia um ato formal ou bem um contrato típico. Se a simples manifestação fosse suficiente, então os *nuda pacta* acarretariam consequências diversas. Parece confirmar isto o fato de os chamados pactos *in continenti* (firmados no mesmo momento da formação do contrato cujo conteúdo visavam a alterar) serem protegidos pela ação contratual que se vinculava ao contrato alterado, porque "incorporan al contrato mismo si se hallan incluídos en un contato protegido por *bonae fidei iudicium (pacta in continenti)*".[38]

J. C. Moreira Alves, traçando as diferenças que os juristas romanos estabeleciam entre contrato e pacto, após frisar a aproximação pela existência, em ambos, do acordo de vontades, afirma que "...se distinguem porque no *contractus* o acordo de vontades se agrega a um elemento objetivo (*causa*), gerando, por isso, *obligationes* (obrigações), e sendo sancionado por uma *actio* (ação); ao passo que, no *pactum*, há apenas o acordo de vontades sem a causa, não decorrendo dele *obligationes* (obrigações), e sendo sancionado somente por uma *exceptio* (exceção)".[39]

Apesar disto, "... la rilevanza delle pattuizioni fra le parti è giá nel diritto classico molto più estesa di quanto essa parrebbe suggerire".[40] O que justifica a proteção dos negócios manifestados nos pactos, primeiro, pela concessão de exceções e, pouco a pouco, com ações diretas.

A razão para a restrição de efeitos positivos (surgimento de obrigações) residiria justamente na ausência de uma razão de juridicidade formal ou típica, bem como na insuficiência da manifestação de vontade despida de uma causa (como elemento objetivo).

Nada obstante isto, em muitas circunstâncias consolidava-se, por força de um pacto, um deslocamento patrimonial ao qual não se seguia o correspectivo reembolso esperado pela outra parte. Nestas circunstâncias, a inexistência de uma *actio* proporcionava uma situação de enriquecimento injustificado por parte do que recebera e não contraprestara. A gradativa proteção a estas hipóteses parece acomodar-se ao que se vem dizendo sobre a necessidade de reequilíbrio (ideia mo-

---

[38] ARANGIO RUIZ, Vicenzo. *Instituciones de Derecho Romano*. Reimpressão da 1. ed. Argentina. Buenos Aires: Depalma, 1973, p. 394-395.

[39] *Direito...*, op. cit., p. 227. Os trechos em itálico estão assim no texto original.

[40] PUGLIESE, Giovanni. *Istituzioni di Diritto Romano*. 3. ed. Turim: G. Giappichelli Editore, 1991, p. 587.

tora do conceito contratual de Aristão) ou de reciprocidade (presente na expressão *ultro citroque obligationem,* da definição de Labeão).

8. Os contratos inominados

Maior relevância e destaque recebe a ideia de sinalagmaticidade, como aqui defendida, com o surgimento dos contratos inominados. É muito discutido na doutrina romanista o momento exato em que esta categoria se estruturou plenamente. Dentre as várias correntes, a predominante é a que sustenta a existência, no direito clássico, de casos esporádicos em que era concedida uma ação para proteger situações mais tarde englobadas na denominação de contratos inominados. Sendo que os jurisconsultos clássicos divergiam sobre tratar-se de uma *actio in factum* ou, então, com base na existência de uma *actio civilis in ius,* permitiam que fosse utilizada (por adaptação) uma *actio praescriptis verbis,* tendo, apenas no direito pós-clássico, se generalizada a *actio* para a categoria dos inominados.[41]

É esta a opinião de Fritz Schulz: "La doctrina justinianea no es clásica (acerca dos contratos inominados), desde luego, pero tampoco fué inventada por los compiladores. Existió ya en la época prejustinianea en forma más o menos perfecta, aunque los juristas clásicos no tuvieran conocimiento de la misma".[42]

Estes contratos inominados revestiam um certo caráter real na justa medida em que a obrigação surgia unilateralmente para uma das partes, após a execução da prestação da outra. Assim, executada uma das prestações, a outra parte via-se compelida a executar a sua, sob pena de se desestruturar o pressuposto equilíbrio relacional.

Os contratos inominados refletiam o surgimento de obrigações realizadas no esquema (a) *do ut des,* (b) *do ut facias,* (c) *facio ut des* e (d) *facio ut facias.* Isto é o que está exposto em D. 19,5,5, pr.: "En este punto podemos ver la teoría de todo lo que se da por una causa, la cual se refiere a los siguientes grupos: o te doy para que me des, o doy para que hagas, o hago para que des, o hago para que hagas".

Pode-se ver a estrutura sinalagmática presente, sendo que o dar ou o fazer de um só se justifica (*ut*) para obter o dar ou o fazer alheio. A causa de ter se desenvolvido uma prestação é a contraprestação.

---

[41] Acerca das três correntes sobre o momento do aparecimento dos contratos inominados, com a afirmação de ser dominante a tese "moderada" cujo conteúdo se expôs, ver MOREIRA ALVES. *Direito ...,* op. cit., p. 215 a 217.

[42] *Derecho Romano Clásico.* Barcelona: Bosch Casa Editorial, 1960, p. 500.

Os autores concordam que deveria haver um acordo de vontades subjacente (*conventio*), mas também são uniformes em gizar o caráter secundário ante a causa ("expressão que os textos empregam no sentido de realização, por uma das partes, de sua prestação, ou em outras palavras, de execução unilateral do acordo de vontades").[43]

H. Capitant, em sua célebre obra sobre a causa nas obrigações, é categórico em apontar esta modalidade como o nascedouro da moderna teoria da causa.[44]

A proteção advinda aos contratos inominados se dava, basicamente:

a) pela *actio praescriptis verbis*, com a finalidade de execução do contrato;

b) pela *condictio ob rem dati*, também denominada *condictio causa data, causa non secuta*, pela qual se optava pelo desfazimento do contrato; e

c) pela *condictio propter poenitentiam*, também denominada *condictio ex poenitentia*, por meio da qual se buscava a revogação do negócio, antes do adimplemento da contraprestação.[45]

Embora as três medidas encontrassem justificativa na quebra do caráter sinalagmático, a segunda delas demonstra, até mesmo na nomenclatura, o uso que se dava à palavra "causa". (Aliás, em passagem de Africano, 8, *quaestiones*, D. 12, 7, 4, afirma-se uma sinonímia entre a causa que não se segue e a que não existe: "No hay diferencia entre que se haya dado sin causa desde el princípio y que la causa por la que se dio no haya seguido").[46] A estrutura causal tal qual aqui exposta parece ser o ponto nodal da diferença entre os contratos inominados e os consensuais. Muito embora nos contratos consensuais haja uma relação sinalagmática entre as prestações, de modo a que se possa pensar que uma é a razão de ser da outra, não é este o elemento justificador do nascimento obrigacional, tanto que ambas as prestações são execuções do contrato constituído pelo simples consentimento. Já nos inominados é o deslocamento patrimonial que justifica a obrigação, como um momento posterior à execução.

---

[43] MOREIRA ALVES. *Direito...*, op. cit., p. 219.

[44] "Aussi est-ce dans les textes relatifs à ces opérations que se trouve l'origine de la théorie moderne de la cause et du sens que l'on donne aujourd'hui à ce mot" (*De la cause...*, op. cit., p. 111).

[45] MOREIRA ALVES. *Direito Romano*, op. cit., p. 220-221.

[46] Afirma, sobre o sentido da palavra "causa" em todo o título 7 do livro 12 do Digesto, H. Capitant: "Le mot cause ne peut donc pas concerner le but poursuivi, mais il veut dire que le possesseur s'est enrichi sans aucune raison plausible" (*De la cause...* op. cit. , nota (1) na p. 113).

Daí que não se pode concordar, como em outro ponto deste livro se tratará, com a noção moderna que reduz a causa a relação de atribuição patrimonial dentro de um contrato. Esta compreensão é justamente criticada por não estabelecer qualquer diferença entre causa e objeto do contrato. De fato, se a prestação do comprador é a causa da do vendedor, é também o seu objeto. Mas se se compreende que, faltando um liame contratual (ou delitual), haja um deslocamento patrimonial que dê, mais do que a possibilidade de repetição, a verdadeira execução de uma contrapartida, então se estará usando o termo "causa" em sentido distinto, como verdadeira justificativa jurídica de um relacionamento obrigacional do tipo contratual.[47]

Em relação aos contratos reais (mútuo, comodato, depósito e *pignus*), que eram típicos, os contratos inominados também guardam diferenças, mormente porque aqueles eram, de regra, gratuitos, e por que neles não havia o liame entre a entrega e o interesse em uma contraprestação, haja vista a sua unilateralidade. Até mesmo no mútuo, onde poderia não haver gratuidade, a cobrança dos juros deveria ser estabelecida fora do contrato, por meio de uma *stipulatio*.[48]

Parece claro que o comodante não fazia o comodato com interesse em que o comodatário utilizasse o bem dado, apenas resguardando para si o direito de reaver a coisa ao término do contrato. O mesmo se diga em relação ao depósito.

Também no *pignus* o interesse estava mais na garantia que a posse da coisa dava ao credor do que no uso ou na entrega propriamente dita. Daí que se vislumbra uma diferenciação entre os inominados e os reais, pois naqueles havia uma bilateralidade que se iniciava pela execução, circunstância que não surgia jamais nestes.[49]

---

[47] Traçando a diferença entre os inominados e os consensuais, afirma o citado Capitant: "Ici (nos inominados), en effet, la prestation était faite non pas en exécution d'une obligation antérieure, comme dans le contrat consensuel, mais en vue de se procurer la contre-prestation; si bien que, cette dernière n'étant pas exécutée, la prestation n'avait plus de raison d'être, elle était sans cause. Au contraire, dans le contrat consensuel, elle paraissait conserver toujours une cause, puisqu'elle avait été faite en exécution de l'obligation née du contrat" (*De la cause...*, op. cit. nota (4) na p. 115).

[48] SCHULZ, Fritz, *Derecho romano...*, op. cit. , p. 488: "El mutuum no era necessariamente gratuito, pero el interés no podía ser reclamado ex contractu mutui, pues el contrato real sólo podía crear la obligación de restituir la cosa recibida (...) El prestatario podía prometer intereses mediante una estipulación".

[49] Acentua bem tal ponto G. GORLA, op. cit., p. 33, nota de rodapé nº 4: "... de los contratos reales nacen obligaciones de restituir y custodiar que *como tales* no podrían nacer antes de la entrega de la cosa (...) Por el contrario, en los contratos innominados la obligación convenida no es la de restituir o custodiar, sino una obligación derivada de un *cambio* de prestaciones, una de cuales ya ha sido cumplida".

9. A causa na tradição

Ponto que merece comentário, embora diga com os direitos reais, é o da causa na tradição. Em paralelo com o que se disse sobre os contratos, também os modos aquisitivos da propriedade no direito romano podiam bipartir-se em modos solenes e, portanto, abstratos, e não solenes. Entre aqueles figuram a *mancipatio* e a *in iure cessio*. Já a tradição era um ato material não solene consistente na entrega da coisa *nec mancipi*.

Nos atos solenes, a juridicidade parecia advir das próprias formalidades que revestiam o ato. Já na tradição, indagava-se acerca da sua causa, ou seja, da razão que a revestia de conteúdo jurídico. Afirma H. Capitant[50] que de um lado estavam os que, como Paulo, sustentavam a insubsistência da *nuda traditio*.[51] Por outro, havia os que, como Juliano, entendiam suficiente o acordo sobre a tradição, ainda que díspare a causa.[52] Este posicionamento é desestimado por Ulpiano, que parece exigir a presença da causa.[53]

Embora o caráter dúbio das fontes para o período, F. Schulz também se inclina por entender que se exigia a *causa traditionis*.[54] No mesmo sentido, ensina Clóvis Veríssimo do Couto e Silva: "Embora seja discutidíssimo o problema da *iusta causa traditionis* no Direito romano clássico, parece, entretanto, que a vinculação ao negócio antecedente era exigida para a transferência do domínio. Como meio de transpasse da propriedade sobre coisas *nec mancipi*, necessitava a *traditio* de uma causa que qualificasse o ato material da entrega da coisa...".[55]

10. Algumas conclusões

De todo o exposto, pode-se ver que a noção de causa sinalagmática, ainda que não estruturada no direito romano clássico, pode

---

[50] *De la cause...*, op. cit., p. 94-95.

[51] D. 41, 1, 31, pr.: "La simple entrega no transfiere sin más la propiedad, sino tan sólo cuando haya precedido una venta u otra causa que justifique la tradición".

[52] D. 41, 1, 36: "Cuando estamos de acuerdo en la cosa misma objeto de la entrega pero no en la causa de la tradición, no veo por qué no ha de valer la tradición...".

[53] D. 12, 1, 18, pr.: "Si yo te hubiese dado una cantidad con intención de donarla, y tú la recibes como mutuada, escribe Juliano, que no hay donación, pero que hay que ver si no resulta mutuada. Y opino que tampoco está mutuada, y que las monedas no se transmiten al que las recibe, toda vez que recibió con otra intención. Por lo que, si las hubiese consumido, aunque esté obligado por la condición, sin embargo, podrá usar de la excepción de dolo".

[54] *Derecho Romano...*, op. cit., p. 336.

[55] *A Obrigação como Processo*, José Bushatsky Editor, São Paulo, 1976, p. 48.

já ser vislumbrada com o sentido que se quer explorar neste livro. Seja com o papel dilatador do conceito de contrato (Labeão e Aristão), seja como ideia norteadora da proteção aos simples pactos, ou, ainda, como justificadora da aceitação de uma categoria contratual (contratos inominados), o que se via era uma tentativa de abarcar, no conceito de juridicidade, situações que não estavam tipicamente abrangidas.

Mais ainda, o que se vê é um respeito pela recomposição de deslocamentos patrimoniais que não encontravam respaldo no sistema então vigente, servindo para um alargamento das fontes das obrigações, o que parece ter desembocado, já no direito justinianeu, numa quadripartição destas fontes (com a introdução dos posteriormente denominados quase contratos e quase delitos).

Despiciendas as discussões acerca da autenticidade de certas passagens ou, até mesmo, da interpretação moderna de algumas delas, o que se quis pôr em relevo foi a preocupação com o reconhecimento de relações do tipo obrigacional tomando como parâmetro o deslocamento patrimonial.

Capítulo II

As modificações no conceito de causa do Direito Medieval à Doutrina de Domat e Pothier

1. Objetivo do capítulo

O que se quis acentuar no capítulo anterior foi a existência de uma noção de causa material, com isto significando o reconhecimento de juridicidade a certos atos da vida desde que implementados alguns requisitos que não eram apenas formais (como na *stipulatio*) ou típicos (como nos contratos consensuais), mas que radicavam na troca de prestações, na reciprocidade de um dar com um fazer ou de um fazer com outro fazer. A isto se vem chamando de causa sinalagmática.

O longo percurso que vai desde antes do ressurgimento do *Corpus Juris Civilis* até os primórdios da codificação do direito civil na Europa, marcada pelo advento do *Code Civil* francês, traduz uma modificação no papel do sinalagma como fonte da relação obrigacional, substituído, fundamentalmente, pela prevalência e suficiência do consentimento (traduzido na máxima *solus consensus obligat*).

O objetivo deste capítulo é apontar os principais momentos desta alteração, no período que vai de antes da recepção do direito romano[56]

---

[56] As referências ao período da recepção tomam como parâmetro, fundamentalmente, o direito longobardo, haja vista ser este o examinado por Francesco Calasso (*Il Negozio Giuridico*. 2. ed. Milão: A. Giuffrè Editore, 1967, obra que, como se explica abaixo, é seguidamente utilizada), embora se possa considerar uma certa identidade, como o próprio autor afirma ao tratar de vários pontos, servindo de exemplo a passagem acerca da incorporação da causa aos documentos: "Il fenomeno è comune e all'Italia longobardizzata e alle regioni rimaste legate a Bisanzio, così com'era caratteristica comune all'una e all'altra zona, malgrado le profonde diversità della vita giuridica...". Para um exame mais genérico da recepção do direito romano em várias regiões da Europa e em documentos especiais, ver, [na Série Ius Romanum Medii Aevi (IRMAE), Milão: A. Giuffrè], VACCARI, Pietro. Diritto longobardo e letterattura longobardistica intorno al diritto romano. *IRMAE*. Pars I, 4b ee, 1966; VISMARA, Giulio, Edictum Theodorici. *IRMAE*. Pars I, 2, b aaα, 1967; CHEVRIER, Georges; PIERI, Georges. La loi romaine des Burgondes. *IRMAE*. Pars I, 2, baag, 1969; BOYER, Laurent. Le droit romain dans les pays du centre de la France. *IRMAE*. Pars V, 4, d, 1977; GANGHOFFER, Roland; LEVRESSE, Pierre. Le droit romain en Alsace.

até a obra de Domat e Pothier, supedâneo das vigentes disposições do Código Civil Napoleônico.[57]

2. A concepção de causa até a recepção do Direito Romano

O sistema jurídico dos antigos territórios romanos afetados pela dominação dos povos germânicos (ditos bárbaros) guardou a noção de causa tal qual se vislumbrava no direito romano. Tal similitude incluía a multiplicidade de sentidos em que era empregada a referida palavra.

Dentre as várias utilizações encontra-se seu uso no sentido de processo; como motivo ou justificação; significando uma determinada situação jurídica (*fattispecie*) que reclama a atenção do legislador e, ainda, no sentido de negócio.[58]

F. Calasso afirma que, para obedecer a uma capitular de Liutprando, que proibia qualquer cártula contrária à lei ou em desacordo com a lei, os documentos negociais passaram a citar o próprio texto legal, a par de descrever, minuciosamente, os elementos contratuais. Isto se conectava também ao sistema da personalidade do direito, pois se cada partícipe do negócio guardava o seu próprio direito, a menção feita a um ou outro propiciava que se renunciasse e elegesse qual o vigorante.[59]

Examinando estes documentos, é possível, sempre segundo o autor já citado, chegar-se à conclusão de que havia referência à justifica-

---

IRMAE. Pars V, 4, g, 1977; BART, Jean; PETITJEAN, Michel. L'influence du droit romain en Bourgogne. *IRMAE*. Pars V, 4, e, 1976; DIDIER, Philippe. Le droit romain dans la region dauphinoise. *IRMAE*. Pars V, 4, f, 1979; YVERS, Jean. Le droit romain en Normandie. *IRMAE*. Pars V, 4, a, 1976; LÉVY, J.Ph. Le droit romain en Anjou, Bretagne, Poitou (d'après les coutumiers). *IRMAE*. Pars, V, 4, b, 1976.

[57] Para este exame, em comparação com o tratamento dado pela literatura jurídica ao direito romano, não abundam as monografias. Servem de base a este capítulo, fundamentalmente três obras, que, repetidamente, serão citadas: CALASSO, F, *Il Negozio...*, op. cit.; CHEVRIER, Georges. *L'Histoire de la cause dans les obligations*. Paris: Recueil Sirey, 1929 ; e a já citada obra de CAPITANT, H. *De la cause*.... Outras obras incidentalmente utilizadas são citadas ao longo do capítulo.

[58] Traçando estes significados e demonstrando-os com textos da época, F. CALASSO, *Il Negozio...*, op. cit., lição quarta, p. 53-66.

[59] *Il Negozio...*, op. cit., p. 85-87: "...com'è noto, in virtù di questo principio (sistema de personalidade do direito), ciascuna delle parti contraenti si obbligava legittimamente secondo il proprio diritto, ed entro i limiti di questo rispondeva della sua obbligazione. La cosa era normalissima nel caso che le parti contraenti vivessero con la medesima legge: provocava inconvenienti di gravità intuitiva quando invece le parti contraenti vivessero con leggi diverse".

ção objetiva do negócio (*rectius*, à causa) e à vontade do agente (que fazia as vezes de um elemento subjetivo).[60]

O uso da palavra "causa", por sua vez, é feito por meio da expressão *pro eo quod*,[61] traduzindo a troca entre a coisa e seu valor, ou pelo uso da palavra *quia* ou, ainda, utilizando-se *unde*. Disto conclui: "... è facile dedurre che la causa dell'obbligazione è, in realtà, il negozio sostanziale o, per adoperare un'espressione classica, quella particolare 'causarum figura' con la quale l'ordinamento giuridico dà vita ed efficacia, entro la sfera dei rapporti sociali ch'esso protegge, alla operazione economico-sociale che la volontà privata ha posto in essere".[62]

Nesta perspectiva, ainda não prevalente a ideia de que basta a vontade para que surjam obrigações, aquelas legislações anteriores à recepção mantinham-se presas a um formalismo ou a atos delituais, sendo que a fuga desta sistemática vinha por meio de atos reais (materiais) que justificassem uma transposição patrimonial, um negócio substancial que autorizasse a obrigatoriedade do ajuste.

Tal qual a causa no sentido acentuado no direito romano, também neste período "... que se extiende poco más o menos hasta el siglo XI (...) el contrato sólo es reconocido jurídicamente en cuanto represente un cambio (la misma palabra 'contrato', llega casi a ser sinónimo de cambio): un cambio *cumplido ya* por una de las partes mediante una *res vel factum* (...) La *res vel factum*, la prestación realizada, adquiría así el valor de un elemento para la *formación* del contrato".[63]

3. O desenvolvimento na doutrina dos Glosadores

As grandes modificações no conceito de causa sinalagmática começam a aparecer do século XII em diante, com o trabalho desenvolvido pelos Glosadores e Comentadores Canonistas e Civilistas. Não foi, certamente, um trabalho dedicado ao conceito de causa, mas ao que modernamente se entende por teoria do negócio jurídico. Porém, dado o caráter central, nesse estudo, da indagação acerca da obrigatoriedade dos negócios, invariavelmente o desenvolvimento acabou tocando o tema aqui versado.

---

[60] *Il Negozio...*, op. cit., p. 97.

[61] Segundo Santos Saraiva (*Novíssimo Dicionário Latino-Portugues*. 10. ed. Rio de Janeiro: Livraria Garnier, 1993), a expressão citada literalmente significaria "atento que, visto que, porque".

[62] *Il Negozio...*, op. cit., p. 105.

[63] G. GORLA, *El Contrato...*, op. cit., p. 45, grifos no original.

O conceito que a palavra "causa" vai assumir nos Glosadores também sofre certas variações; porém, a começar-se por Irnério, vê-se a introdução de uma ideia que mais tarde aflora com intensidade. Trata-se da noção de *causa naturalis*.

Em duas passagens de dois célebres textos da época dos glosadores encontra-se a referência, o significado e a importância atribuída à palavra "causa" por aqueles juristas.

A primeira consta da *Summa Codicis*,[64] 8, 33, 7 e considera que a causa deve ser natural e tem em vista um dar ou fazer que a contém.[65] A segunda pode ser vista nas *Questiones de juris subtilitatibus*,[66] VIII, 10. Aqui, afirma-se que sem causa o pacto é ineficaz e apenas a ocorrência de um dar ou fazer, ao qual corresponda outro dar ou fazer, considerada uma *interventus rei naturalis*, é que reveste de causa o pacto.[67]

Vê-se que a causa é um aspecto econômico que violaria a *aequitas* caso não ensejasse para o que deu, o direito de exigir a contraprestação, ou o direito de excepcionar, caso lhe fosse exigido o cumprimento, quando ainda não houvesse a recíproca prestação.

A causa natural se contrapõe à causa civil, entendida esta como sendo a substância mutável atribuída pelo legislador. Neste contexto, a causa natural serve de substrato ético do negócio obrigacional, garantindo a licitude moral, enquanto a civil atesta a veracidade e solidez do negócio, assegurando a vida no ordenamento jurídico.[68]

Ainda no sistema irneriano, a causa desempenha dupla função. Nos pactos, ela é uma causa eficiente; na *stipulatio* e no *cyrographo*, funciona como causa final.[69]

---

[64] Conforme ensina F. CALASSO. *Medio Evo del Diritto* Milão: A. Giuffrè Editore, 1954, v. 1, p. 534-536, a primeira *Summa Codicis* tradicionalmente era atribuída a Irnério, muito embora mais recentemente se tenha contestado esta posição. Posteriormente surgem outras três *Summae*, de autoria conhecida de Rogério, aluno de Búlgaro, outra de Placentino e a mais famosa de Azzo. As passagens citadas neste capítulo valem-se de transcrições das obras citadas na nota 52 supra e que são citadas como sendo da *Summa* atribuída a Irnério.

[65] "Causa ob quam promittitur naturalis esse debet ut vel dationem seu factum contineat", *apud*, G. CHEVRIER. *L'Histoire...*, op. cit., nota 1, p. 36.

[66] Obra sobre a qual também há discussões quanto à origem e época de surgimento, para alguns devendo ser atribuída a Irnério, para outros a Placentino e, para alguns, ainda que com possibilidades mais diminutas, sendo considerada obra anterior aos glosadores. Acerca da polêmica, F. CALASSO. *Medio Evo...*, op. cit., p. 538.

[67] "quare sine causa pactio non est efficax. (...) si enim do vel factio ut et tu mihi des vel facias, interventus rei naturalis est causa ob quam velis et per quam possis obligari", *apud* F. CALASSO. *Il Negozio...*, op. cit., p. 219.

[68] F. CALASSO. *Il Negozio...*, op. cit., p. 221 e 223.

[69] G. CHEVRIER. *L'Histoire...*, op. cit., nota 1, p. 38, cita, acerca da noção de causa eficiente, significativa passagem da *Summa Codicis*, 2, 3: "Necesse est dationem seu factum intervenire praescriptis verbis actio nascatur".

Dada a natureza processual em que se manifestaria a ausência de causa (como ação direta na *querella non numeratae pecuniae*, ou como defesa na *exceptio doli*), surge um outro conceito a influenciar a noção de causa. Trata-se da identificação entre a *causa negotii* e a *causa actionis*, que foi levada a cabo na obra de Placentino.[70] Esta característica vai repercutir grandemente nas doutrinas posteriores, pois importará na discussão acerca da admissibilidade de uma demanda fundada em negócio que não torne explícita a causa, bem como em saber-se quem exerce o controle sobre a insuficiência ou ausência de causa.

Este sistema processual vai ser bem desenvolvido na Grande Glosa de Acúrsio. Nesta obra resta consolidado todo o arcabouço que vinha sendo edificado desde Irnério e se exige, para que uma demanda seja aceita, a referência a uma causa. Não havendo esta, dá-se uma exceção peremptória que impede o prosseguimento da demanda. A indagação que surge consiste em saber se tal exceção pode ser conhecida de ofício pelo juiz ou se depende de alegação da parte.[71]

A evolução até aqui descrita permite ver que começa a se introduzir na linguagem da doutrina da causa uma ideia que transcende o simples aspecto material do *do ut des, do ut facias*, para justificar os atos. Este elemento, traduzido com a expressão *causa naturalis*, importa em buscar uma justificativa comum a negócios tão distintos como a *stipulatio* e os pactos simples (*nuda pacta*). Ainda que não visualizado na sua sistematicidade (que só aparecerá por obra dos canonistas), o certo é que começa a se perceber o elemento volitivo passando a assumir um papel unificador.

Atestam a assertiva supra, tanto H. Capitant quanto F. Calasso. Escreve aquele: "Pour les glossateurs, en effet, tout engagement contractuel est un pacte, et la stipulation n'est à leurs yeux qu'un pacte d'un genre spécial, auquel le solennité donne le 'vêtement' qui fait defaut au pacte nu, parce qu'elle fortifie le consentement, attire l'attention du contractant sur l'importance de sa promesse contre un

---

[70] Afirma G. CHEVRIER. *L'Histoire...*, op. cit., p. 52-53: "C'est, en effet, aux nouvelles conceptions qui firent de l'action en justice le reflet du droit mis en oeuvre, que l'idee de cause de Placentin à Accurse dut sa revanche. Qu'est-ce donc que l'action ou plutot le libellus actionis pour Placentin? Vu du côté du demandeur, il n'est pas autre chose que l'exposé du droit dont celui-ci réclame l'éxecution (...) Une formule qui fit fortune résume cette conception: actio nihil aliud est quam causa, quam ratio".

[71] A doutrina parece uniforme em não admitir o conhecimento de ofício, embora revele algumas expressões que poderiam induzir em contrário, tais como "libellus non admittendus est, actor non auditor". Neste sentido, tanto G. CHEVRIER. *L'Histoire...*, op. cit., p. 71, quanto F. CALASSO. *Il Negozio...*, op. cit. , p. 278. Ambos convergem, igualmente, nos trechos referidos, para a ideia de que só com os canonistas se estabelece a compreensão de que "officium judicis latissimum est".

engagement irréfléchi".[72] Calasso é mais incisivo: "...la giustizia intrinseca al patto è questa: che quanto tu hai consensualmente convenuto con me (*tibi convenit et placet*), non debba poi disvolere (*displicere* vuol dire letteralmente 'avere volontà diversa'), venendo meno a un tuo disposto (*iudicium*) com'è proprio dell'umana inconstanza. (...) La sincerità della tua parola e la fedeltà del tuo adempimento costituiscono l'*aequitas pacti*".[73]

É só com os canonistas, porém, que se acentua, mais profundamente, a função do consentimento.

4. O papel dos Canonistas

Os canonistas medievais desenvolviam um trabalho paralelo ao dos chamados comentadores ou *post* glosadores. Teoricamente, havia uma nítida atribuição de tarefas (aos comentadores da Igreja as questões de direito canônico; aos leigos, os negócios civis, salvo aqueles que tangenciassem questões religiosas). A notória disputa política travada entre o poder temporal e a Igreja, porém, formava uma área subjacente de litígio e de disputa, acentuando o papel desempenhado pela Igreja Católica. Isto importava em que conceitos se comunicassem ou influenciassem reciprocamente. A doutrina dos pactos, com o inerente papel da causa, foi diretamente atingida pela inter-relação a que se refere.

Considerando que a palavra dada, uma vez rompida, importava em pecado e submetia o promitente faltoso às penas da Igreja, qualquer pacto obrigava, pois dele constava a palavra dada, e esta era suficiente para vincular. Para fins eclesiásticos, não interessava a consequência civil.

Ainda, por força das doutrinas moralistas, é mister observar-se o fim a que se volta a palavra dada. Deste modo, destaca-se a ideia de *causa finalis*, como sendo um parâmetro de validade. "L'intention seule fait le mérite".[74]

Os canonistas acabam por subverter, ao menos em parte, a regra romana, ainda respeitada pelos glosadores, segundo a qual o simples pacto não enseja ação, para afirmarem, desde 1180, como máxima que *ex nudo pacto actio oritur*. De modo que se pode afirmar o rompimento com a doutrina romanista. De um lado, portanto, tem-se a manuten-

---

[72] *De la cause...*, op. cit., p. 134.

[73] *Il Negozio...*, op. cit., p. 250, grifos no original.

[74] G. CHEVRIER. *L'Histoire...*, op. cit., p. 143.

ção da necessidade da causa, mas, de outro lado, ela passa a revestir-se de um conceito de finalidade.[75]

5. Os comentadores civilistas

Para os comentadores civilistas, com lugar exponencial para Bártolo de Saxoferrato e, posteriormente, seu discípulo, Baldo de Ubaldis, há uma generalização do conceito canonista acerca da vinculatividade dos pactos simples. Para Baldo, é inútil manter-se a distinção entre pactos "nus" e pactos "vestidos", pois ambos ensejarão uma demanda, caso estejam estribados em uma causa válida. Este conceito de causa, afinal, deixa de ser aquele que se podia encontrar no direito romano (de causa material ou sinalagmática) e passa a ser a causa final.

É de Baldo a assertiva segundo a qual "causa finalis in contractibus dicitur ea de cujus radice emanat obligatio".[76]

Abstraído o caráter material, que servia como forma de "vestir" um pacto sem ação, e incorporando-se a causa como fim, diretamente oriundo do consentimento, capaz, por si só, de justificar a juridicidade do negócio, dá-se passo decisivo para abandonar a noção de sinalagma como fator de juridicização de atuações não contratuais.

Pode-se dizer que, a partir do tratamento dado pelos pós-glosadores, o caráter sinalagmático da causa passa a ser substituído pela noção de causa fim, revestindo-se do subjetivismo do consenso, até porque é aqui o nascedouro da força da regra generalizada pela Escola de Direito Natural segundo a qual o simples consentimento obriga.

A reciprocidade, como força motriz da obrigatoriedade de certos atos, é ultrapassada, e mesmo nos contratos sinalagmáticos, esta imiscui-se com o consentimento manifestado, na medida em que se consente por querer-se (finalisticamente) a prestação do outro contratante.

---

[75] H. CAPITANT. *De la cause...*, op. cit., p. 142. Nesta página consta a afirmação: "On peut donc dire que la théorie de la cause est surtout l'oeuvre des canonistes". Compreende-se-a apenas se se considerar que para o autor, como se verá em capítulo próprio, causa é sinônimo de fim, elemento integrante do consentimento. Já G. GORLA. *El Contrato...*, op. cit., p. 64, sustenta que a influência dos canonistas não foi direta, servindo como apoio para a construção que os comentadores civilistas levavam, paralelamente, a cabo: "Probablemente se acude al Derecho canónico en busca de apoyo o como justificación moral cuando ya en la práctica (...) se había ido imponiendo el principio consensual (...) la práctica y la costumbre se resistieron frente a aquella influencia o 'intromisión'; incluso se combatió la *forma* de la promesa jurada – muy difundida – por el temor de que pudiera dar lugar a una intervención de la jurisdicción eclesiástica" (grifo original).

[76] *Apud* H. CAPITANT. *De la cause...*, op. cit., p. 153, onde há outras passagens significativas deste mesmo pensamento.

Para os objetivos deste trabalho, perde-se o fio da meada do conceito de sinalagma conectado ao de causa e ao de contrato, passando-se a enredar tal fio, haja vista a consubstanciação que a noção de causa passa a ter com o consentimento, modo vislumbrado pelo antigo direito francês e sistematizado por Domat.

6. A sistematização de Domat e Pothier preparatória da noção de causa subjetiva

Quando Jean Domat escreve sua obra *"Les lois civiles dans leur ordre naturel"*, que data do século XVII, doutrina e jurisprudência sofriam nítida influência da chamada Escola de Direito Natural, cujo expoente máximo foi o holandês Hugo Grotius. Como é sabido, o jusnaturalismo dos humanistas era distinto daquele eclesiástico (e certamente das referências romanas a um direito natural), pois estribava-se na razão do homem, no racionalismo jurídico. Neste contexto, a teoria contratual servia de espelho para as reflexões teóricas, pois ela provocava a ligação entre o poder do ordenamento e o poder da vontade.

É curioso ver que um dos últimos adeptos da causa em sentido real (de necessária intervenção da prestação da coisa como geradora da obrigação) tenha sido alvo de críticas expressas da parte de H. Grotius.

Tratava-se de François de Connan, para quem, bem mais que da vontade das partes, a relação obrigacional nascia de um deslocamento de valor. Um enriquecimento sem contraprestação provoca um prejuízo que só poderá ser validado excepcionalmente. A causa é assimilada à prestação e só dela nasce o sinalagma.[77]

A esta posição, ainda não influenciada pela intervenção onipotente da vontade, H. Grotius critica de forma bastante incisiva dizendo ser "assurdo cioè che la legge, la quale nasce dall'incontro delle volontà degl'individui quasi pactum commune populi, possa rendere obbligatorio il patto, e lo stesso non possa fare la volontà degl'individui singoli, quando in qualsiasi modo si obblighino".[78]

A passagem deixa muito claro o entendimento que passa da noção contratual. Se a própria formação da sociedade nasce de uma manifestação de vontade na qual os indivíduos declararam querer

---

[77] G. CHEVRIER. *L'Histoire...*, op. cit., p. 226, explicando a posição de Connan: "Bien plutôt que de la volonté des parties, le rapport obligatoire naît d'un déplacement de valeur. Un enrichissiment sans contre-prestation causerait un préjudice; aussi ne peut-il être que très exceptionnellement validé. La cause est assimilée à la prestation: c'est d'elle seule que dérive le συναλλαγμα".

[78] *Apud* CALASSO. *Il Negozio...*, op. cit., p. 338.

formá-la (*pactum societatis*) e, após, esta mesma vontade aceita submeter-se às normas da sociedade (*pactum subiectionis*), nada mais é a matriz do ordenamento jurídico do que a própria vontade.

É o momento propício para aquelas ideias de valoração subjetiva, que vinham pouco a pouco tomando forma, receberem uma sistematização. Na matéria objeto deste estudo, isto foi levado a cabo por J. Domat.

Na obra em que buscava, como o próprio título já indica, a ordem natural, J. Domat não chega a definir causa, mas faz uso dela quando classifica os contratos. Assim, divide-os naqueles em que há sempre onerosidade, seja porque há duas dações, ou dois fazeres, ou, ainda, uma situação mista de dar e fazer. Nestes, o que os caracteriza é que *"l'engagement de l'un est le fondement de celui de l'autre"*. Em oposição a estes, estão aqueles onde há uma gratuidade na prestação, de modo que um não espera nada do outro. Nestes, o *animus donandi*, *"tiennent lieu de cause"*.

A ausência da causa importará em consequências jurídicas sérias, tais como impedir a formação do contrato ou, caso existente no momento da formação, deixe de seguir existindo, permitir a resolução contratual. Manifestando-se falsa, acarretará a nulidade por erro.

O que chama a atenção na obra de J. Domat é que, primeiro, não vislumbra como elemento classificatório de um ou outro grupo, apenas a questão da onerosidade ou da gratuidade. Em segundo lugar, os textos romanos que ele utiliza são aqueles que tratam dos contratos inominados, onde, como visto no capítulo anterior, a causa tinha um sentido de prestação executada e não meramente prometida.[79]

Aqui desapareceu qualquer laivo de materialidade, focando-se a vontade como motor da obrigatoriedade, a ponto de ver na troca de prestações dos contratos sinalagmáticos, nada mais do que a externalização desta vontade.

Robert Joseph Pothier, seguindo a obra de J. Domat, parece ir mais longe. Começa afirmando que negar-se executoriedade a certos pactos, como o direito romano fazia, era ir contra o direito natural (que aqui parece entendido nos justos termos postos por H. Grotius).[80]

---

[79] O exame dogmático da teoria de Domat será empreendido no capítulo IV em que se analisará a causa no sentido subjetivo, como compreendida no Código Civil Francês, eis que diretamente influenciada por este doutrinador. Aqui só interessa ressaltar o momento histórico em que a noção difundida pelo *Code* nasce.

[80] "Los principios del Derecho romano sobre las diferentes especies de pactos, y sobre distinguir los contratos y los simples pactos, *por lo mismo que no se fundan en el Derecho natural, estando por lo contrario muy alejados de su sencillez*, no se admiten en nuestro Derecho". (*Tratado de las Obligaciones*. Buenos Aires: Editorial Heliasta S.R.L., 1993, p. 12, grifou-se).

Ademais, quando fala da causa nos contratos interessados, não se refere apenas à contraprestação desejada, mas também "el riesgo de que se encargue",[81] o que torna mais imaterial a causa. Segue tratando da causa ilícita (termo que não aparece em J. Domat). Já nas liberalidades não usa a expressão *motif raisonnable et juste* que J. Domat utilizava, mas limita-se a usar *cause suffisante*.

Por tais motivos, G. Gorla o considera mais significativo na construção de um conceito de causa subjetivo, afirmando que seus conceitos "terminan por anular la 'causa' como requisito *objetivo* que deba *añadirse* al puro consentimiento, a la voluntad de obligarse jurídicamente. En efecto, el espíritu interesado y el desinteresado comprenden toda posible promesa y no queda, como requisito, más que el puro consentimiento (efectivo, de obligarse jurídicamente)".[82]

7. Plano dos próximos capítulos

É com esta versão que a causa adentra no Código Civil francês e afeta numerosíssimas outras legislações que o tomaram como paradigma. O que se quis nestes dois capítulos foi flagrar, no direito romano, o conceito de causa sinalagmática, como vai ser desenvolvido neste trabalho, e, depois, a perda deste conceito, o que irá se refletir nas concepções dominantes do termo, seja nas teorias subjetivas, seja nas objetivas.

O rumo que se impõe, daqui para frente, é o de examinar estas teorias subjetivas e objetivas, para ver-se o que nelas ainda resta do conceito de causa sinalagmática que se quer desenvolver.

Antes, porém, é conveniente examinar o desenvolvimento de uma categoria muito próxima à causa no direito anglo-saxônico – a teoria da *consideration* –, que é objeto do capítulo seguinte.[83]

---

[81] H. GROTIUS, op. cit, p. 33.

[82] Idem, p. 88, grifos no original.

[83] Como diz G. Gorla, isto se justificaria pois "Si el sistema contractual del Derecho romano-justinianeo es el que resulta de los textos, y especialmente del Digesto, presenta sugestivas analogías con aquellos otros sistemas. Se trata de sistemas que se fundan todos ellos en el formal y en el esquema *genérico* de un cambio en el que la prestación de una de las partes ya ha sido realizada", idem, p. 3, grifo no original.

Capítulo III

A doutrina da *consideration* e suas relações com a teoria da causa

1. *Consideration* e causa como considerandos na legislação

A doutrina da *consideration* costuma, muitas vezes, ser relacionada, no âmbito da *common law*, à noção de causa dos direitos da família romano-germânica.[84]

Em uma certa medida, tal comparação poderia ser cabível, consoante a definição de causa que se adote, dentre as muitas que se vêm ressaltando possuir dita palavra.

Esta ideia é parcialmente confirmada quando se faz um exame do aparecimento da *consideration* ao longo da história.

Assim, também como a causa no direito germânico antigo, a *consideration* aparece em textos legais, funcionando como uma referência às razões fáticas que conduziram o legislador a editar um texto determinado. Brian Simpson indica o ano de 1429 como sendo o primeiro em que o substantivo *consideration* aparece em legislação editada por Henrique IV, sendo que durante o século XV este era o sentido mais comum em que a mesma foi sendo utilizada.[85]

---

[84] Para um exame do sistema inglês, ver DAVID, René. *Os Grandes Sistemas de Direito Contemporâneo*. São Paulo: Martins Fontes, 1986, terceira parte.

[85] *A History of the common law of contract*. 1. ed., 2. reimpressão. Oxford: Clarendon Press, 1996, p. 330 na qual faz a afirmação e nota 5, e menciona o diploma legal. Igualmente, relembra o fato de que os textos eram escritos em francês, e a palavra que aparecia era "consideracion". No mesmo sentido, Kiralfy, A. K. R. *The English Legal System*. 5. ed. Londres: Sweet & Maxwell, 1973, p. 62: "...some fifteenth-century royal charters use the term 'consideration' as meaning reason (cause) of the grant, while the term 'consideration' also appears in wills to signify the reason (cause) for a bequest. *Similar references appear in the beginning of statutes...*" (grifou-se).

Também no continente europeu esse uso era feito, como atesta F. Calasso.[86]

Paulatinamente, em conexão com a formação da *action of assumption*, a *consideration* vai se entranhando no direito contratual da *common law*. O caminho no qual primeiro desponta é no chamado *law of uses*.

2. *The law of uses* – primeira aparição da *consideration* em questões negociais

O *law of uses* consistiu em uma versão primitiva do atual instituto do *trust*. Nos séculos XIV e XV, um determinado proprietário de terras as cedia em confiança para o uso de uma outra pessoa (*to the use of*). Porém, esta situação vantajosa não podia ser exigida judicialmente por aquele que era seu beneficiário. Segundo Kiralfy, este beneficiário era oculto.[87]

Aos poucos, o Chanceler, que julgava de acordo com a *equity* e não conforme a *common law*, começou a conceder medidas protetivas dos *uses*. Basicamente, esta jurisprudência formou-se a partir de circunstâncias de revogação de *uses*. A questão básica era a de saber se, uma vez instituído um *use,* ele poderia ser revogado.

O precedente mais esclarecedor, e que envolve a ideia de *consideration* pela primeira vez, é *The Duke of Buckingham's Case* (proposto em 1504).[88] Neste precedente, os argumentos giraram em torno da existência ou não de uma causa ou *consideration* para que houvesse a constituição do *use*. O argumento para a revogação era o de que não tinha havido uma negociação entre o Duque e seu irmão; logo, poderia ser revogado. Já o argumento contrário dizia haver uma boa *consideration*, pois pelo direito natural o irmão mais velho devia ajudar o mais novo.[89]

---

[86] *Il Negozio...*, op. cit., quarta lição, em especial § 2º, p. 55, onde se lê: "...la parola causa evidentemente non ha solo il significato generico di motivo, ma sembra accostarsi altresí a un significato più pieno e preciso di 'situazione giuridica'. Nel quale significato, anzi, di fattispecie che s'impone all'attenzione del legislatore, e lo provoca a statuire, la parola causa ricorre assai di frequente".

[87] *The English...*, op. cit., p. 68.

[88] O Duque de Buckingham, para favorecer o casamento de seu irmão mais novo com uma determinada senhora, estabeleceu que um solar seria utilizado pela senhora após a sua morte. Realizado o casamento, o Duque mudou de ideia e quis revogar o *use* anteriormente estabelecido.

[89] SIMPSON, Brian. *A History...*, op. cit., p. 340-341, onde se lê, por parte da defesa do Duque: "...so because there is no bargain or consideration for the grant the use is not changed... So it is reasonable that the Duke can change the grant". Já o argumento contrário: "For it was made on

Segundo o já citado Brian Simpson, este caso é duplamente importante, pois foi nele que primeiro apareceu o termo *consideration* equiparado à causa. Ademais, o recurso à *consideration* aparece como um parâmetro para saber se uma promessa vinculava o promitente ou não. É idêntica a opinião de Kevin M. Teeven.[90]

Esta finalidade, a de saber quais os contratos (vez que não submetidos a uma forma específica – *not under seal*) são considerados obrigatórios ou não, é, até hoje, a função desempenhada pela *consideration*.[91]

Aqui também se pode ver uma similitude com a teoria da causa que buscava, exatamente, estabelecer um parâmetro para determinar quais as relações que poderiam ser consideradas vinculantes, sempre que o aspecto formal não se fazia presente.

Neste período, quatro características que marcarão a *consideration* restam fixadas: (a) uma promessa não pode ser revogada se prejudicar *vested rights*; (b) a promessa é vinculante quando houver uma obrigação anterior que a justifique; (c) pode-se voltar atrás se houver uma *good reason*; e (d) pode-se reservar o direito de revogar, conforme as expressões utilizadas na promessa.[92]

3. O papel do direito canônico e sua transposição para a *common law*

O direito canônico desenvolvido na Inglaterra, tal qual o elaborado no direito continental, mantinha uma disputa com a jurisdição não eclesiástica.[93] As fontes tratam do tema dos pactos simples (*nuda pacta*) e indagam acerca de como torná-los "vestidos".[94] Seis eram as formas. Além das quatros que o direito romano já referia (*re, verbis,*

---

good consideration, for the older brother is bound by the law of nature to aid and comfort his younger brother".

[90] *A History of the Anglo-American Common Law of Contract.* Westport, Connecticut: Greenwood Press, 1990, p. 40.

[91] Como se verá adiante, quando se conceituar a figura.

[92] SIMPSON, Brian. op. cit., p. 343-344.

[93] Neste sentido, G. GORLA. *El Contrato...*, op. cit., p. 376: "El Derecho canónico, en el que se inspiran los Tribunales de *equity*, no goza de gran simpatía y, especialmente en materia de *torts* y de *contracts*, se ve obligado a ceder ante la victoria de los Tribunales del *common law* sobre los de *equity*" (grifos originais).

[94] As principais fontes canônicas na Inglaterra eram as *Summae* Angelica e Rosella. Esta era mais antiga, provavelmente de 1483, e foi compilada por um franciscano chamado Ir. Baptista de Salis (o nome Rosella derivava da compilação ser comparada com uma grinalda de rosas, como uma reunião de elegantes conclusões). Já a *Summa* Angelica remonta a 1486 e seu autor também era um franciscano: Ir. Angelus Carletus. Cf. SIMPSON, Brian. *A History...*, op. cit., p. 378-379.

litteris e *consensu*) ainda se mencionavam os pactos adjectos (*coherentia contractus*) e a *interventio rei*.

Presentes esses elementos, os pactos sempre obrigavam, uma vez que se detectasse a presença de uma causa. E ainda se concedia caráter obrigatório, sempre que a promessa fosse honesta, justa e possível.

A doutrina canônica foi, aos poucos, incorporando-se à *common law*, tendo desempenhado papel relevante a obra conhecida como *Doctor and Student*, elaborada por St. Germain, em forma de diálogo entre um doutor em teologia e um estudante da *common law*.

Nesta obra, faz-se uma adaptação da doutrina das *Summae* e fala--se em *naked contract* e *naked promise*, considerando-os inválidos por ausência de *consideration*. Segundo esta fonte, toda promessa gera uma ação se induz o seu destinatário a confiar nela, o que é demonstrado pelo ônus que toca ao beneficiário.[95]

Estas noções eram muito próximas do direito canônico e dos comentadores civilistas no continente, que certamente alguma influência exerceram sobre elas. Alguns autores da *common law*, especialmente a partir da obra de W. Blackstone, tentaram reforçar a conexão. Para este jurista, a necessidade de uma *consideration* foi tomada da *civil law* na qual nenhuma ação nascia do pacto simples, exemplificando com as equações *do ut des, do ut facias*.[96]

A soma das regras sobre *uses* mais as influências do direito canônico, com as transposições feitas para a *common law*, em especial pela obra *Doctor and Student*, parecem ter conformado historicamente a doutrina da *consideration*.

Pode-se aqui estabelecer um certo paralelismo entre causa e *consideration*, senão por influências recíprocas e intensas,[97] pelo menos como meios assemelhados de obter o mesmo resultado, qual seja, o de

---

[95] SIMPSON, Brian. *A History...*, op. cit., p. 92.

[96] *Apud* GORDLEY, James. *The Philosophical Origins of Modern Contract Doctrine*. 1. ed., 1. reimp. Oxford: Clarendon Press, 1992, p. 138.

[97] Os autores ingleses parecem não aceitar um paralelismo estrito entre as duas figuras. Neste sentido, afirma J. GORDLEY, op. cit., p. 137: "Actually, the doctrine's of consideration and causa had little to do with each other. There is a famous and inconclusive debate as to whether the common law judges who originally developed the doctrine of consideration did so under the influence of the doctrine of causa. However that may have been, the consideration of the common law judges soon ceased to resemble the causa of Bartolus and Baldus, the late scholastics and the natural lawyers", e exemplifica com a liberalidade que é considerada uma causa mas não é uma *consideration*. No mesmo sentido BUCKLAND, W. W.; MCNAIR, Arnold D. *Derecho Romano y Common Law*. Madri: Fundacion Seminario de Derecho Romano Ursicino Alvarez, 1994, p. 218, que sustentam ser a *consideration* fruto de uma necessidade prática de agregar a alguns expedientes processuais razões para que estes fossem admitidos; já a causa seria fruto de uma construção teórica, ligada a uma doutrina geral do contrato, coisa que não se fez na *common law*.

responder quais as relações vinculantes e quais as que não gerariam obrigações em sentido jurídico.

Esta doutrina, que ganha relevo na *common law* a partir do século XVI, interligando-se com a ação de *assumpsit*,[98] estrutura-se, modernamente, com algumas características que importa relevar, para que se possa verificar a hipótese desta tese, qual seja, a de que há um significado moderno do termo "causa" como relação sinalagmática e que gera obrigações do tipo contratual, ainda que não possam ser consideradas ditas obrigações como contratos em sentido estrito.

4. A configuração moderna da *consideration*

Tradicionalmente, é dito que, para vislumbrar-se a *consideration* em uma relação obrigacional, de modo a torná-la vinculante, esta relação deve ser construída sobre duas bases. De um lado, aquele que promete deve ter alguma vantagem (*benefit*). De outro, aquele que recebe a promessa deve sofrer um prejuízo (*detriment*) se, por confiar nela, não a vê cumprida. Assim, pela quebra na confiança (*reliance*) depositada na promessa, o seu destinatário acaba por estar numa situação pior do que se a promessa não tivesse sido feita. Marca esta relação *benefit-detriment* a existência de um negócio, uma transação, um ajuste (*bargain*).

A *consideration* pode, por consequência, ser definida como "... something either given or promised in exchange for a promise".[99]

Este conceito denota uma bilateralidade nos ônus e vantagens que a relação obrigacional possa criar e, neste aspecto, efetivamente se diferencia da noção de causa, como vista nos ordenamentos que acolhem a sua versão subjetiva ou objetiva. É que, nestes, a noção de causa é sempre comum, haja vista que é, na primeira, o fim que induz ao consentimento ou, na segunda, a função que o contrato desempenha para os contratantes. Já a *consideration* releva a vantagem de um dos envolvidos e o prejuízo do outro, que são trocados uma pelo outro.[100]

---

[98] A *action of assumpsit* era, originalmente, uma ação delitual, pela qual aquele que havia assumido (daí o nome) o dever de realizar uma prestação e o fazia negligentemente era obrigado a reparar o dano. Esta a definição de G. GORLA. *El contrato...*, op. cit., p. 385.

[99] FRIED, Charles. *Contract as promise*. Harvard University Press, 1981, p. 28.

[100] Neste sentido, CRISCUOLI, Giovanni. Causa e consideration o della loro incomunicabilità. *Causa e Consideration*. Pádua: Cedam, 1984, p. XIII, onde diz: "...la prima costante da sottolineare è l'essenza monistica della causa di contro alla dualità della 'consideration'. Qualunque tesi si accetti della causa (...) è pacifico che essa non può non essere che unica per il contratto e la medesima per entrambe le parti (...) ogni 'contract' si sostanzia di due 'considerations' nettamente distinte tra loro: l'una versus l'altra o, come a noi è più congeniale, l'una in funzione dell'altra".

Para o conceito que se quer formular de causa sinalagmática, a equação *benefit-detriment* é bastante próxima porque ela representa, efetivamente, o *quid pro quo* que lhe é inerente.

A *consideration* não carece de ser uma troca atual, mas pode ser uma troca futura. Esta a diferença entre *executed consideration* e *executory consideration*. A primeira é a que se dá nos contratos reais, sendo que a execução do ato pelo que recebe a promessa, ou confia nela, é o seu *detriment*. Isto acaba vinculando o promitente que tem, na prestação, o seu *benefit*. Já a *executory consideration* aparece nos contratos bilaterais (ditos *executory contracts*), e a relação se estabelece entre as promessas cuja execução se dará no futuro. Entre essas promessas, há uma relação íntima de dependência, "hence, as a general rule, mutual promises must stand or fall together".[101]

O que não se admite é a denominada *past consideration*, ou seja, tomar-se em conta um fato que foi executado antes da promessa como ensejador desta. Isto porque, se é da essência da teoria a presença da *bargain*, em relação a algo já executado, não há mais *bargain*.

Esta divisão é interessante de ser analisada no que tange ao conceito de causa sinalagmática. É que, na *executed consideration*, o que justifica a obrigatoriedade é o deslocamento efetivo do patrimônio (como ocorre, entre nós, nos contratos reais). Já na *executory consideration* parece que o consenso é que estaria a justificar a obrigatoriedade (como nos contratos consensuais).[102] Naquela, há um sinalagma real; nesta, meramente consensual.

O ponto que chama a atenção é a discussão estabelecida acerca da *adequacy of consideration*. Segundo esta ideia, não há necessidade de correspondência entre os valores no binômio *benefit-detriment*. Basta que haja um valor estabelecido subjetivamente e que deve ser considerado sob o ponto de vista das partes, no momento em que é feito o acordo, não posteriormente pelos Tribunais. Isto tem gerado sérias discussões, pois alguns autores visualizam uma contradição. Se qualquer coisa, por mais insignificante que seja, pode ser tida por *consideration*, corre-se o risco de admitir amplamente *nominal considerations*, o que destruiria a doutrina.[103]

---

[101] ATIYAH, P. S. *An Introduction to the Law of Contracts*. 5. ed. Oxford: Clarendon Press, 1996, p. 122.

[102] G. GORLA. *El Contrato...*, op. cit., p. 389, traça uma linha analógica com a introdução dos contratos bilaterais na civil law : "... probablemente hacia la mitad del siglo XVI, los Tribunales reconocen también como 'consideration' válida una contrapromesa, es decir um 'quid' prometido pero todavía no realizado (...) quizá movidos por motivos o concepciones análogas a las que operaron en nuestros derechos continentales".

[103] P. S. ATIYAH, op. cit., p. 127.

Daí que se venha mitigando esta absoluta possibilidade de qualquer valor ser considerado apto (gerando aquilo que os autores chamam de *peppercorn bargain*), sustentando-se que a inadequação econômica pode constituir um indício circunstancial de fraude, coação, dolo, erro ou, até mesmo, ausência de *bargain*.[104]

Isto demonstra uma certa similitude com a necessidade de um aspecto comutativo nas relações sinalagmáticas, o que, no direito de tradição romano-germânica, gerou, historicamente, a discussão acerca do justo preço.

O ponto que talvez mais interesse para o presente trabalho reside na exigência de uma *bargain* para que a promessa possa ser vinculante. Note-se que os dois outros elementos podem ser relativizados. Assim, o que recebe a promessa pode sofrer um prejuízo que não seja um benefício para o promitente (como no caso da estipulação em favor de terceiros). A situação inversa, o promitente recebe o benefício, sem que haja prejuízo para o terceiro, é mais rara, mas ainda assim se pode cogitar disto (como no caso da expromissão). Daí que se fale em dispensa do *benefit* ou do *detriment*. Porém, o elemento que nunca pode estar ausente é a *bargain*.

Este conceito central parece desempenhar o papel que a figura do consentimento desenvolve no direito continental. Ou seja, a manifestação da vontade e sua recepção (traduzida na conexa doutrina da *offer and acceptance*) refletem-se, em termos de *consideration*, na necessidade de um ajuste.

Isto faz com que haja um elemento volitivo compondo o contrato, assim como um elemento de reciprocidade. Sem estas duas estruturas não há falar-se em *consideration* e, consequentemente, em relação obrigacional vinculante.

O que se viu, ao longo da exposição, é que, muito embora causa e *consideration* não possam ser examinadas como sinônimos, ambas são figuras que desempenham o mesmo papel, qual seja o de limitar a autonomia da vontade dos contratantes que precisam, para vincular-se, mais do que o simples consentimento ou *bargain*.

A diferença parece residir no fato de que, segundo as vigentes teorias sobre a causa (subjetiva e objetiva), esta é um elemento imaterial ou abstrato (fim ou função), enquanto na *consideration* há um ele-

---

[104] CALAMARI, John D.; PERILLO, Joseph M. *Contracts*. 3. ed. St. Paul, Minnesota: West Publishing Co., 1987, p. 194: "Economic inadequacy, then, except in one unusual situation, does not prevent any bargained for detriment from constituting consideration. On the other hand, economic inadequacy may constitute some circumstantial evidence of fraud, duress, over-reaching, undue influence, mistake, or that detriment was not in fact bargained for".

mento material consistente na relação *benefit-detriment*. Basta ver-se o caso dos contratos gratuitos, como a doação, que no sistema da causa sempre dela se revestem pela presença da liberalidade. Já no direito inglês, a liberalidade não é reputada uma *good consideration*, haja vista a inexistência do referido binômio. Daí que se possa dizer "... che la consideration non viene ricercata nella sfera psichica dell'agente, ma nel risultato concreto, cioè nell'effetto, della promessa. La consideration è quel particolare effetto empirico (alterazione negativa del patrimonio giuridico del promissario) che risulta dalla promessa".[105]

5. *Consideration* e causa sinalagmática

A questão posta no presente trabalho, porém, é justamente a de saber se, em certas circunstâncias, ausente o consentimento, mas presente a relação sinalagmática, recíproca de perda e ganho (o esquema bilateral *benefit-detriment*), podem surgir obrigações do tipo contratual.

Neste sentido, a sempre necessária presença da *bargain* faz com que a simples presença do binômio referido não seja suficiente para gerar uma *good consideration*.

Isto tem preocupado os autores e tribunais da *common law*, visto que ficam ao desabrigo significativas situações fáticas em que não há como se buscar a proteção contratual ou, então, delitual. Daí que venham ganhando força figuras nas quais há a ausência de *bargain* ou de *request*. São as chamadas doutrinas equitativas, que compreendem o *estoppel* ou o *constructive trust*. Isto porque "English law recognizes a general principle under which injurious reliance may be a source of rights".[106] É um prognóstico dos doutrinadores que tais figuras venham a ser cada vez mais consideradas.[107]

Para o conceito de causa sinalagmática como aqui se pretende desenvolver, o aporte da *consideration* restringe-se ao acentuado papel da existência real do binômio *benefit-detriment*, mas fica prejudicado (dito aporte) pela presença da *bargain*.

---

[105] FRANCESCHELLI, Remo. Causa e Consideration nel Diritto Privato Italiano e Anglosassone. *Causa e Consideration*, op. cit., p. 110.

[106] P. S. ATIYAH, op. cit., p. 140.

[107] J. P. CALAMARI; J. M. PERILLO, op. cit., p. 192, afirmam: "Although the exchange requirement still remains central to the law of contracts, lawyer influenced legislation and *the development of the doctrine of promissory estoppel dispense with the exchange requirement in a number of instances*. These instances will doubtless increase in the future" (grifou-se).

6. Objetivo e conclusões deste capítulo

O objetivo deste capítulo não foi o de examinar os muitos problemas e questões que estão envolvidos na doutrina da *consideration*. Deixaram-se de fora temas interessantes e importantes para o estudo do instituto, tais como o papel da *consideration* na revisão ou na rescisão dos contratos (*variation and discharge*), a discussão acerca dos deveres preexistentes poderem ser tidos por válida *consideration* (*pre-existing duty rule*) e outros tantos. É que o desiderato não era o de explicar os amplos sentidos da *consideration*.

O que se quis foi traçar um rápido paralelo para averiguar as possíveis similitudes, correspondências e divergências entre a *consideration* e a causa. Com isto, pretendia-se responder a uma indagação: no conceito de *consideration* pode-se vislumbrar o que aqui se chama de causa sinalagmática?

O desenvolvimento parece levar à conclusão de que isto não é possível. Descortina-se, porém, uma idêntica preocupação no direito anglo-saxônico cuja solução passa pela figura do *estoppel*.

Os anos de evolução da ideia de *consideration*, por outro lado, em alguns pontos encontram-se com o da teoria da causa, seja na função que ambas desempenham, seja na submissão que ambas acabaram por admitir do papel da vontade na formação dos contratos, ora representado pelo consentimento, ora pela *bargain*.

Capítulo IV

A teoria da causa nos contratos sinalagmáticos (a causa subjetiva)

1. Objetivo do capítulo e seu enquadramento no plano do trabalho

No presente capítulo, pretende-se examinar o papel desenvolvido pela causa nos contratos sinalagmáticos a partir da interpretação dada pela doutrina francesa aos artigos do *Code* que trataram da matéria.

De tal sorte, após ter-se feito um rápido excurso histórico, no qual foram examinados os vários sentidos da palavra "causa" tanto no direito romano, quanto no direito intermédio e no direito anglo-saxônico, a longa história da causa desembocou no Código Napoleônico. A influência que este diploma legal teve sobre várias codificações que o seguiram, bem como a importância que a doutrina civilista francesa exerceu (e em certo grau ainda exerce) nos países da família romano--germânica forçam a que se examinem as doutrinas que trataram da causa no direito francês.

Agora já se faz um exame mais dirigido aos contratos sinalagmáticos, muito embora as teorias que enfrentam a causa também versem sobre o seu papel nos contratos unilaterais onerosos e gratuitos. A rigor, nesta altura do trabalho, o interesse está voltado para o papel da causa nos contratos sinalagmáticos. Isto porque o desiderato do trabalho é mostrar que a mesma estrutura que a causa desempenha nestes acordos encontra-se presente em outras relações que se poderiam denominar "paracontratuais", justificando a sua juridicidade.[108]

---

[108] Pode-se dizer, a título de breve referência, que basicamente os autores estão acordes quanto ser a causa nos contratos unilaterais o ato ou promessa de ato que a parte visa alcançar. Assim, DEMOLOMBE, C. *Traité des contrats ou des obligations conventionelles em général*. Paris: Imprimérie Générale, 1877, t. 1, p. 334: "...c'est le fait ou la promesse de l'autre". BAUDRY-LACANTINERIE G; BARDE, L. *Traité théorique et pratique de droit civil – des obligations*. 3. ed. Paris: Librairie de

la Société du Recueil J. B. Sirey, 1906, t. 1, p. 336: "Dans les contrats unilatéraux, la cause varie suivant la nature du contrat. S'agit-il d'un prêt (d'usage ou de consommation, peu importe)? La cause de l'obligation de l'emprunteur est dans la prestation qui lui est faite par le prêteur (...) "La cause serait la même dans le dépôt et dans le gage". PLANIOL, Marcel; RIPERT, Geoges. *Traité pratique de droit civil français*. 2. ed., Paris: LGDJ, 1952, t. 6, 1ª parte, p. 333: "D'ailleurs, que l'on considère ou non les contrats réels comme des contrats synallagmatiques, la remise de la chose constitue la contre-partie qui est la cause de l'obligation de restituer". MOURLON, Frédéric. *Répetitions écrites sur le code civil*. Paris: Garnier Fréres, 1885, t. 2, p. 609: "Si le contrat est unilatéral, la cause de l'obligation consiste dans l'acquisition du bénéfice que le créancier procure à l'obligé. Je vous prête une somme d'argent; vous voilà obligé de me rendre une somme semblable; quelle est la cause de votre obligation? C'est évidemment l'acquisition de la somme que je vous ai prêtée". H. Capitant (*De la cause...*, op. cit., p. 56) – "Or, cette cause c'est évidemment le fait de la remise de la chose. L'emprunteur, le créancier gagiste s'obligent à restituer les choses prêtées ou données en nantissement parce qu'elles leur ont été remises. Ainsi, dans ces contrats, le but que poursuit l'obligé se trouve atteint par la conclusion même du contrat".

É bem verdade que houve críticas tais como a de se confundir a causa, nos unilaterais e reais, com o elemento gerador do próprio contrato. A isto respondeu H. Capitant dizendo que não é da natureza dos unilaterais (ele trata especificamente do empréstimo) ser real. Assim já o dissera C. Demolombe que diferenciara o objeto no mútuo (o dinheiro) da causa (a entrega do dinheiro). Antonio Junqueira de Azevedo, ao referir a causa (*Negócio Jurídico. Existência. Validade e Eficácia*, op. cit.), trata do tema dizendo que em alguns contratos o elemento categorial inderrogável (ou seja, aquele que serve para definir uma categoria de negócio e que, por ser inderrogável, é inafastável pela vontade das partes) é o objeto e que estes negócios chamam-se negócios causais. Nos contratos reais, a causa é pressuposta, quer dizer, ela ocorre no momento da formação do contrato mas não pertence ao plano da existência e sim da validade ("A entrega da coisa nos contratos reais é causa pressuposta deles, mas, como veremos adiante, a causa, quando pressuposta, não é elemento do negócio, senão requisito de validade. A nosso ver, a entrega efetiva da coisa não faz parte, portanto, da existência dos 'contratos reais', mas sim somente influi sobre sua validade", nota de rodapé nº 54, na p. 35*)*. O que, de certa forma, vai ao encontro da resposta de H. Capitant. Mas, fundamentalmente, deixa claro que não se trata de uma questão de finalidade como este autor francês conceitua a causa e como é utilizada no presente capítulo para explicar os contratos sinalagmáticos. Tanto é assim que o mesmo autor traça nova e relevante distinção: "A inexistência de causa (nos negócios causais), em regra, acarretará, quando a hipótese for de causa pressuposta, nulidade por falta de causa (portanto, a existência da causa é, aí, requisito de validade) e, quando a hipótese for de causa final, ineficácia superveniente (portanto, a existência de causa é, aí, fator de permanência da eficácia, p. 150).

Já nos contratos gratuitos ou benéficos, as definições são mais tênues. O próprio J. Domat não era expresso em dizer que a liberalidade era a causa. Ali aparece a expressão *tient lieu du cause* e o próprio R. J. Pothier dissera que a liberalidade era uma *cause suffisante*. A doutrina passou a tratar a liberalidade como causa. Isto gerou fortes críticas pois, nas doações, por exemplo, a liberalidade, sinonimizada com o *animus donandi*, era a manifestação do consentimento. Isto fez com que muitos autores acabassem por recusar uma diferenciação entre causa e motivo nas doações. Neste sentido MAURY, Jacques. Le concept et le rôle de la cause des obligations dans la jurisprudence. *Revue Internationale de Droit Comparé*, 3 (1951), p. 485 e seguintes: "La cause d'une libéralité est toujours, qu'il s'agisse d'illicéité ou d'existence, le motif déterminant du donateur et ce motif explique à la fois et l'obligation du disposant et l'acte juridique qui engendre cette obligation (...) le donateur est maître de la convention; il y a, dans la libéralité, une volonté qui domine, l'autre qui adhère plutôt qu'elle ne consent; il est donc légitime de ne tenir compte que de la première..." (trecho citado, p. 500).

Nada obstante, H. Capitant é incisivo em diferenciar a causa dos motivos nas liberalidades (ainda que se trate de doações puras, sem encargo) : "Il n'y a pas à s'inquiéter des mobiles d'ordre variable qui ont pu déterminer la volonté du donateur, affection, reconaissance, récompense d'un service rendu, cela importe peu. Les mobiles précurseurs de l'acte juridique n'en font pas partie, et quand ils pourraient être peu avouables, quand même ils présenteraient quelque alliage qui leur donnerait un caractère immoral, il n'y a pas à en tenir compte" (*De la cause...*, op. cit., p. 438).

Como dito no texto, não é intenção deste trabalho adentrar no exame da causa subjetiva nos contratos unilaterais e nos benéficos visto que o objetivo é estudar a estrutura sinalagmática dos bilaterais para explicar certas situações que, ao final, possam ser transpostas para relações do tipo contratual. Porém, feito o estudo, não se pode deixar de referir as posições existentes e expor uma rápida apreciação pessoal.

Parece que a extensão do conceito de causa a todos os tipos contratuais, especialmente aos benéficos, é uma generalização que efetivamente não se encontrava nas fontes, fossem romanas ou no direito canônico, ou, ainda, no próprio texto de J. DOMAT. DABIN, Jean. *La Teoria de la Causa*. 2. ed. Madri: Editorial Revista de Derecho Privado, 1955, na p. 28 frisa que ao referir-se aos contratos reais, J. Domat mais forçava uma extensão de uma categoria própria dos contratos bilaterais do que, propriamente, afirmava que fosse da natureza deste grupo de contratos ter uma causa. Mormente se se concebe a causa como fim, a entrega está, até cronologicamente, incompatível com o conceito. É muito mais um pressuposto do negócio do que um desiderato (parecendo que a noção de H. Capitant, e de quem mais aceite a causa como um fim, é justamente o oposto, ou seja, entendê-la como um desiderato mais do que como um pressuposto).

Não parece ser por outra razão que JACQUES GHESTIN. *Traité de droit civil. Les obligations: le contrat: formation*. 2. ed. Paris: LGDJ, 1988, p. 783-784, tratando da causa no empréstimo diz : "La cause du prêt, ou plus précisément de l'obligation de l'emprunteur n'est autre que la remise effective de la chose prêtée. Mais celle-ci est, en même temps, une condition de formation de cette convention puisqu'il s'agit d'un contrat réel; de telle sorte que l'existence de la cause se confond le plus souvent avec celle du contrat lui-même". Ora, o fim do mutuante não é obter a coisa de volta, mas sim proporcionar o gozo e fruição pelo mutuário (a mesma coisa vendo-se no comodato, para manter o exame no gênero empréstimo), pois não parece lógico que a finalidade de um dar seja o restituir da mesma coisa. Por outro lado, se a causa não é final (e sim pressuposta) está-se utilizando outro sentido da palavra causa.

Já nas liberalidades, sustentar que a própria liberalidade é a causa é ignorar o que seja o consentimento na doação (pois o querer fazer a doação é o próprio consentimento) ou recusar uma assimilação iniludível com os motivos. Note-se o caso do artigo 540 do Código Civil Brasileiro, ali está dito que a doação remuneratória e a feita por merecimento não perde o seu caráter de liberalidade no que exceder ao valor dos serviços remunerados ou ao encargo imposto. Ora, se a presença destes "motivos" não fazem com que a doação deixe de ser uma liberalidade, há uma redução de toda manifestação à simples liberalidade e, ainda que se quisesse outro fim com a remuneração, este, por ser motivo, seria irrelevante. Por outro lado, se a causa é o fim imediato, para se traçar um paralelismo com os sinalagmáticos, quando a doação fosse remuneratória dever-se-ia admitir que a vontade estaria manifestada pela liberalidade tendo por fim remunerar o serviço prestado. Aí sim, o querer seria o meio de atingir um fim. Diz-se, porém, que o fim que se quer atingir é mero "motivo", sendo irrelevante e não retirando da doação o seu caráter de liberalidade. Portanto, das duas uma: ou realmente não há causa distinta da liberalidade que é o consentimento específico na doação ou, então, a causa nas doações é sinônima de motivo e é irrelevante, a menos que, a teor do artigo 140 do Código Civil Brasileiro, tenha sido a razão determinante do negócio. Antônio Junqueira de Azevedo (*Negócio Jurídico. Existência...*, op. cit., p. 146, nota de rodapé n° 220) assevera: "A própria doação simples, ainda que se não admita, com Domat (...) a relevância dos motivos, é ato causal, em que o animus donandi (e não, propriamente, os motivos) faz as vezes de causa pressuposta. A doação remuneratória também é negócio com causa pressuposta (o mesmo animus donandi) e nela, sem dúvida, há relevância dos motivos (...) pelo menos, para impedir a revogação por ingratidão". Assim, ainda que na doação simples não identifique causa e motivo, aceita tal aproximação na remuneratória. J. Ghestin, em passagem na qual tece suas conclusões sobre o tema da causa, depois de expor a teoria nos seus mais diversos aspectos, falando sobre a causa nos contratos benéficos também aproxima a noção de aspectos subjetivos, pois diz que ela terá interesse quanto ao fim ser lícito ou imoral (e sobre a eficácia da utilização da causa para um controle da licitude ou da moralidade "...suppose la prise en considération de l'infinie varieté des motifs, des mobiles, concrets et individuels", "Traité...", op. cit., p. 805) . Diz, ainda, "Dans les contrats à titre gratuit il serait enfin possible d'écarter la notion de casuse en admettant, après Pothier, que l'intention libérale en tient lieu. Les motifs ayant déterminé l'auteur de la libéralité ne seraient pris en considération que sur le terrain du but illicite ou immoral, ou sur celui des vices du consentement" (*Traité...*, op. cit., p. 857).

Mas, como já dito, este não é o objeto deste livro e a isto se faz breve menção para não deixar de manifestar opinião sobre ponto que tanta discussão tem causado na doutrina clássica da causa.

2. O regramento do Código Civil francês

O Código Civil francês, nos artigos 1.108, 1.131, 1.132 e 1.133, adotou a causa como uma das condições essenciais para a validade dos contratos. Assim, no art. 1.108, elencou a causa ao lado do consentimento, da capacidade e do objeto. Já nos artigos 1.131 a 1.133 tratou dos efeitos da ausência ou da falsidade da causa, bem como da prova da causa e da sua ilicitude.

Os autores são uníssonos ao referirem que tais dispositivos foram hauridos diretamente das doutrinas de J. Domat e R. J. Pothier.[109] O primeiro é tradicionalmente reconhecido como sendo quem sistematizou a teoria da causa, dispersa e informe até a sua obra. O segundo, inegavelmente, foi dos juristas que mais influenciou os codificadores.[110]

Como já visto anteriormente, da obra de J. Domat e R. J. Pothier podem-se tirar algumas conclusões: (a) a causa nos contratos sinalagmáticos vem a ser a obrigação de um contratante com o outro;[111] (b) nos contratos benéficos, enquanto J. Domat diz que a liberalidade *"tient lieu de cause"*, R. J. Pothier a considera *"cause suffisante"*; (c) J. Domat não enfrenta o problema da causa ilícita, é R. J. Pothier quem o faz.

Imbuídos destes ensinamentos, não só os codificadores franceses os adotaram, mas também a doutrina que se seguiu à publicação do *Code* fez a exegese à luz deles.

O termo "causa", que se sabe não é unívoco, também acarretou usos, por vezes, confusos na doutrina francesa. Nada obstante, pode-se estabelecer uma linha básica nos comentadores do século XIX.

3. O conceito de causa e a diferença com os motivos

Comumente, os autores definiam a causa como sendo o fim imediato e direto que as partes intencionavam quando contratavam, com

---

[109] Explicadas no capítulo II, supra.

[110] ARNAUD, André-Jean. *Les origines doctrinales du code civil françai"*. Paris: LGDJ,1969, p. 208, afirma, após um estudo detalhado do papel de correntes e juristas que influenciaram na formação ideológica e jurídica do *Code Civil*: "Notre Code civil a consacré la doctrine de Pothier sur ces points dans les articles 1109-110 (erreur), 1111-1115 (violence), 1116 (dol), 1118, 1305 sq., 1674 sq. et 2052 sq. (lésion), *1131-1133 (cause)*. La plupart du temps, ce sont les expressions mêmes de Pothier que ont été reprises dans Code civil." (grifou-se).

[111] J. Domat dizia que o que os caracterizava era o fato de que "l'engagement de l'un est le fondement de celui de l'autre"; enquanto para R. J. Pothier a causa estava "en lo que la otra parte le dé, o se comprometa a darle, o en el riesgo de que se encargue" (passagens supra transcritas, capítulo II, supra).

isto dizendo que o *Code* tratara da causa final.[112] De pronto se coloca a questão de diferenciar a causa dos motivos, pois a ausência ou falsidade daquela acarretam vício para o contrato, sendo que para estes, a regra é a sua irrelevância.

A diferença que se costuma estabelecer é em relação à proximidade e ao conhecimento das partes, já que também os motivos são um fim, apenas que mais distanciados e particulares a cada um dos contratantes. O motivo não seria a causa final, e sim, a causa impulsiva.[113]

Definida genericamente e estabelecida a diferença com os motivos, os autores passam a tratar da causa específica e o fazem, como J. Domat e R. J. Pothier, a partir da classificação dos contratos.

---

[112] C. Demolombe, (*Traité...*, op. cit., p. 330): "...c'est celle qui détermine essentiellement la partie à s'obliger, et qui est le but direct et immédiat, que cette partie se propose d'atteindre en s'obligeant ; c'est en un mot, la cause finale de l'obligation elle-même". HUC, Théophile. *Commentaire théorique et pratique du code civil*. Paris: Librairie Cotillon, F. Pichon, Sucesseur, Éditeur, 1884, t. 7 (mesmo posicionando-se contra a causa e fazendo eco aos argumentos dos anticausalistas) ao defini-la, como o Código a estabelece, vai no mesmo diapasão: "La cause serait donc le but immédiat et apparent, que les parties se proposent d'atteindre en contractant" (p. 109). F. Mourlon (op. cit., p. 608): "La cause de l'obligation est ce pourquoi l'on s'oblige, c'est-à-dire le but immédiat qu'on se propose d'atteindre en s'obligeant". Baudry-Lacantinerie *et* Barde (*Traité...*, op. cit., p. 335): "... l'élément visé dans l'art. 1108 sous le nom de cause peut être defini: le but immédiat et par conséquent essentiel en vue duquel on contracte. Elle est la raison d'être de l'obligation, son pourquoi". A literatura sobre a causa é vastíssima, desde tratados genéricos como os utilizados para esboçar os pontos básicos da teoria, até monografias mais específicas, citadas mais detalhadamente ao longo do presente trabalho. Dada a vastidão do material, verdadeiramente atordoante, visto que sempre surge um texto a mais, todas as citações bibliográficas passam, a certa altura, por exemplificativas, não tendo pretensão de esgotar tal material.

[113] C. Demolombe: "Quant à la cause impulsive, elle n'est que le motif qui porte chacune des parties, de son coté, a contracter (...) Deux différences la distinguent de la cause finale: C'est, d'abord, qu'elle n'est pas un élément intrinsèque et constitutif de l'obligation; elle est, au contraire, extrinsèque, extérieure. C'est par suite qu'elle est relative et personnelle à chacun des contractants en particulier" (*Traité...*, op. cit., p. 340). F. Mourlon; "Le motif est le but médiat que se propose la partie qui s'oblige, but souvent secret, dont on ne parle point au contrat" (*Répetition...*, op. cit., p. 608). Baudry-Lacantinerie *et* Barde: "On voit que le motif, comme la cause, est un but, but immédiat et essentiel dans un cas, but plus éloigné et accidentel dans l'autre; de sorte que c'est en quelque manière une question de proximité qui distingue la cause du motif" (*Traité...*, op. cit., p. 340), LAURENT, F. *Principes de droit civil français*. 5. ed. Bruxelles: Bruyllant-Christophe et Cie. Éditeurs, 1893, t. 16, p. 148-149, que foi grande anticausalista, expondo a teoria de Domat, para depois, como adiante se verá, dela discordar, também traça a distinção entre causa e motivo. "...il est certain que la cause n'est pas dans le motif qui engage l'une des parties à contracter. Ce motif varie d'une personne à l'autre, tandis que la cause est toujours la même, et il ne peut y en avoir qu'une (...) Les motifs différent, la cause est identique (...) On peut dire que la cause est le motif juridique qui légitime l'obligation contractée par le débiteur...". Aubry *et* Rau. *Cours de droit civil français (d'après la méthode de Zacharie)*. 5. ed. Paris: Imprimérie Générale de Jurisprudence, 1902, t. 4, p. 546: "...le Droit français exige, comme condition de la forme obligatoire de toute promesse, et par conséquent de toute convention, que l'auteur de la promesse ait été déterminé à s'engager par un motif juridiquement suffisant. Ce motif est appelé cause de l'obligation".

4. A falsa causa e a ausência de causa

Ponto relevante versado pelos autores é a diferença entre o conceito de ausência de causa e de falsa causa. Aparentemente, haveria uma contradição em afirmar-se que um contrato possa não ter causa, haja vista que esta seria condição para a formação do próprio contrato. Por isto, os exemplos normalmente se encaminham para o sentido de considerar hipótese de ausência de causa a circunstância versando sobre prestações futuras que não ocorrem ou, em caso de contrato com prestações sucessivas, quando estas se tornam impossíveis ou ilícitas.

A falsa causa ocorreria nas hipóteses de erro sobre a causa ou de causa simulada. Assim, alguém que, conhecendo o conteúdo de um testamento, no qual estivesse estipulado um legado, se dirigisse ao legatário e propusesse um determinado valor em troca do legado e, mais tarde, descobrisse um outro testamento que revogasse o anterior, teria feito um negócio sem causa.

Já na causa simulada nem sempre ocorreria uma nulidade, pois a simulação poderia ser daquelas toleradas por não provocar dano a nenhuma das partes envolvidas ou a terceiros. A rigor, na simulação não há uma falsa causa, mas uma causa que as partes querem ocultar.[114]

5. A causa ilícita

Outro ponto relevante é o referente à ilicitude da causa. O art. 1.133 considera ilícita a causa quando ela ferir a lei, os bons costumes ou a ordem pública. Os exemplos são múltiplos, deixando a nítida impressão, confirmada pelos autores, que a jurisprudência sempre fez largo uso deste artigo. Considera-se ilícita a causa quando importa em promessa de prática de um fato delituoso; na promessa de se abster

---

[114] C. DEMOLOMBE. *Traité...*, op. cit., p. 342, 343, 354 e 355: "Il se peut, en effet, que l'obligation n'ait pas une fausse cause et que néanmoins elle se trouve sans cause. C'est ce qui arrive, lorsqu'elle avait pour objet une chose future, et cette chose ne se réalise pas, comme si je vous ai vendu ma récolte de l'an prochain, et qu'il n'y ait pas de récolte (...)", o mesmo quando se trata de obrigações sucessivas, "voilà comment le preneur à bail est dispensé de payer le loyer pour l'avenir, lorsque la chose louée, ayant péri, le bailleur est dans l'impossibilité de l'en faire jouir(...)". Já "La cause est fausse dans deux cas: 1° lorsque les parties croyaient qu'elle existait, tandis qu'elle n'existait pas; c'est la cause erroné; 2° lorsque les parties, sachant bien qu'elle n'existait pas, l'ont néanmoins exprimée dans l'acte; c'est la cause simulée". O exemplo do testamento é de R. J. POTHIER. *Tratado...*, op. cit, p. 33. Baudry-Lacantinerie *et* Barde arrolam como exemplo de obrigação sem causa a obtida por dolo ou coação, além dos casos já expostos (*Traité...*, op. cit., p. 341-343). AUBRY *et* RAU. *Cours...*, op. cit., p. 548 e 549. MOURLON. *Repetition...*, op. cit., p. 609-610.

de um delito; na promessa de pagar por uma obrigação preexistente, como a do depositário de restituir o bem ao depositante; na promessa para escapar a um processo criminal; nos contratos visando a fraudes fiscais; nos contratos que visam a obstaculizar a concorrência.[115]

Em muitos casos há um tangenciar entre o motivo ilícito e a causa ilícita. É o caso da locação de um imóvel onde vai se instalar uma casa de tolerância. Alguns autores dizem que se trata de causa ilícita se ela for conhecida da outra parte. Outros sustentam que é sempre um motivo, pois a causa é, de um lado, a posse do bem e, de outro, a percepção do aluguel. Esta situação estendeu-se para outros contratos também tidos ora como válidos, ora com inválidos, como desde o mútuo para que fosse montada uma casa de tolerância até o pagamento dos salários dos empregados de um tal estabelecimento.

A tal ponto isto ocorre que Planiol *et* Ripert são categóricos ao afirmar: "La doctrine de la cause illicite ou immorale est la doctrine des mobiles. Elle affirme que tout acte juridique, quel que soit l'objet, licite en soi, des obligations qu'il engendre, est vicié si les engagements qui en résultent sont destinés à procurer ou faciliter un acte illicite ou immoral. Pour la sauvegarde de l'ordre public, le juge est appelé à sonder les coeurs, expression d'autant plus vraie que les parties, conscientes du caractère répréhensible de leur action, dissimuleront volontier le but poursuivi".[116]

Antônio Junqueira de Azevedo expressa a mesma posição: "Quando se fala em causa ilícita, trata-se de causa no sentido subjetivo, isto é, trata-se de causa como motivo determinante ilícito (...) quer-nos parecer, porém, que não há somente duas concepções de causa – a subjetiva e a objetiva; o que há mesmo são duas entidades diferentes: uma, os motivos determinantes (causa psicológica), e outra (...) que se prende ao conteúdo típico do negócio (causa objetiva)".[117]

---

[115] C. DEMOLOMBE. *Traité...*, op. cit., p. 359-361. Baudry-Lacantinerie *et* Barde listam os casos nas p. 345 a 349 e comentam casos específicos, como a licitude dos contratos com *courtiers matrimoniaux* e o caso das casas de tolerância. Aqui, examinando um contrato de mútuo são incisivos: "... cette circonstance que le motif de l'emprunt était connu des deux contractants ne pouvait pas faire que ce motif devînt la cause de l'obligation de l'emprenteur. Cette cause, nous le répétons, consistait dans la tradition des deniers par le prêteur, et ne pouvait pas consister en autre chose" (*Traité...*, op. cit., p. 364). Aubry *et* Rau elencam os exemplos (*Cours...*, op. cit., p. 550-555), com farta jurisprudência nas notas de rodapé.

[116] *Traité...*, op. cit., p. 354.

[117] *Negócio Jurídico. Existência...*, op. cit., p. 101. O tema foi mais aprofundadamente desenvolvido pelo mesmo autor na obra *Negócio Jurídico e Declaração Negocial (Noções Gerais e Formação da Declaração Negocial)*, já citada, em especial na parte especial, capítulo I, seção 8ª, intitulada "A questão dos motivos", p. 210-226.

6. A prova da causa

Outro ponto diz respeito à prova da causa. O art. 1.132, afirmando que a *convention* não é menos válida se a causa não estiver expressa, gerou alguma dúvida sobre a validade do título não causal e sobre qual a real interpretação do texto.

Narram os autores que haveria três correntes. Uma primeira que imporia a prova da causa sempre ao credor do título, pois, além de ser da tradição tanto do direito romano quanto do direito francês, acabaria por impor ao devedor uma prova negativa. Outra corrente diz depender da redação dada ao documento. Se este contiver a frase *"eu reconheço dever..."*, o ônus seria do devedor, pois teria confessado um débito. Se a frase fosse *"eu prometo pagar..."*, o ônus seria do credor pois não teria havido confissão alguma. Por fim, há os que veem no referido artigo uma dispensa de prova, sendo uma exceção à regra geral. Esta última parece ser a posição dominante.[118]

De qualquer sorte, os autores são acordes em entender que, quando o artigo 1.132 usa a palavra *convention*, refere-se ao título, ao documento que materializa o negócio, e não à relação contratual em si.[119]

Esta interpretação constituiu o que veio a se denominar de doutrina clássica da causa. É curioso ver que a admissão da causa, de certa forma, estaria em contradição com o princípio básico do consensualismo, inegavelmente adotado pelo Código francês. Daí que a teoria clássica tenha, na verdade, tentado se estruturar de forma a não ferir a autonomia da vontade, definindo-a da forma mais abstrata possível, limitando, o quanto viável, a intervenção dos tribunais em busca dos motivos que concretamente determinaram o consentimento.[120]

---

[118] C. Demolombe explica as teorias nas p. 348-353 do *Traité...*, op. cit. Baudry-Lacantinerie *et* Barde sustentam a mesma posição, *Traité...*, op. cit., p. 369, e referem, na nota de rodapé n° 2, que por tal dispositivo o legislador "a effacé les dernières traces de l'exception non numeratae pecuniae". Ainda, no mesmo sentido, MOURLON. *Repetition...*, op. cit., p. 612. Em sentido contrário Aubry *et* Rau, para quem "Seulement, le créancier devrait, en pareil cas, prouver que l'obligation est fondée sur une cause licite. A défaut de cette preuve, qui peut être faite par témoins ou même à l'aide de simples présomptions, l'obligation resterait inefficace" (*Cours...*, op. cit., p. 558-559).

[119] C. Demolombe afirma que "Lorsque l'article 1.132 dispose que la convention n'est pas moins valable, quoique la cause n'en soit pas exprimée, c'est le titre lui-même, l'instrumentum, qu'il désigne...", *Traité...*, op. cit., p. 346. No mesmo sentido BAUDRY-LACANTINERIE *et* BARDE. *Traité...*, op. cit., p,. 369; MOURLON. *Repetition...*, op. cit., p. 611. Em sentido diverso, AUBRY *et* RAU. *Cours...*, op. cit., p. 558, nota de rodapé n° 20, muito embora admitam que o entendimento da Corte de Cassação seja diverso. Para estes autores, o sentido histórico do artigo 1.132 seria o de acabar com a discussão então existente acerca da menção ou não da causa acarretar a nulidade da promessa.

[120] Neste sentido, J. GHESTIN. *Traité...*, op. cit., p. 743-744.

7. A doutrina anticausalista

Dentro da própria doutrina clássica, entretanto, havia certas dissensões. Por exemplo, o tantas vezes citado C. Demolombe entendia que nos contratos sinalagmáticos era impossível dissociar-se a teoria da causa da teoria do objeto. Se a causa da obrigação de um era a obrigação do outro, então o objeto desta é que justificava a existência daquela e vice-versa, recaindo sobre a coisa que é objeto da prestação.[121] Da mesma forma Aubry *et* Rau apenas distinguem o objeto da causa no que tange ao enfoque com que se examina o vínculo. Do ponto de vista do objeto, examina-se cada uma das prestações isoladamente. Sob o ângulo da causa, examinam-se as prestações de forma respectiva.[122]

Também no que pertine à causa nos contratos gratuitos, para uns há plena confusão com os motivos, como é a referência feita por Baudry-Lacantinerie *et* Barde, acerca da posição de Gauly.[123]

Estes posicionamentos contraditórios ocorriam entre autores que defendiam a causa ou, ao menos, aceitavam-na como teoria positivada e sujeita a ser cumprida.[124]

Não era de se estranhar, portanto, que houvesse muitos oponentes à teoria da causa que acabaram por apanhar as diversas contradições da teoria clássica, sistematizando-as e explorando-as para invectivarem contra ela. Os autores apontam a obra do belga Ernst como sendo a que primeiro se manifestou contra a causa por entendê-la inútil e falsa.[125] Porém, é com a obra de F. Laurent, de grande influência entre os autores franceses, que se divulgou a tese anticau-

---

[121] *Traité...*, op. cit., p. 333: "...la cause finale de l'obligation de l'une des parties réside dans l'obligation de l'autre, et porte, ainsi sur la chose, que cette obligation a pour objet".

[122] *Cours...*, op. cit., nota de rodapé n° 1, p. 547: "Quand il s'agit de l'objet des conventions, en envisage en elle-même et isolément la prestation due par chacune des parties. Quand on s'occupe de la cause, on apprécie les prestations respectivement due par les contractants en les opposant l'une à l'autre".

[123] *Traité...*, op. cit., nota de rodapé n° 2, p. 336, transcrevendo o citado autor que diz, a certa altura, comentando a causa nas doações: "Mais alors la cause ressemble tant au motif qu'il n'est plus possible de l'en distinguer".

[124] É o caso de Baudry-Lacantinerie *et* Barde que, após exporem a teoria, apresentam uma posição crítica: "Il n'est pas contestable que la notion de cause est essentiellement abstraite, métaphysique et bien faite pour amener des confusions regrettables (...)". Nada obstante isto, "l'idée de cause est absolument superflue; elle est même dangereuse", idem, p. 373-374.

[125] Os autores citam o texto intitulado "La cause est-elle une condition essentielle pour la validité des conventions?", publicado na *Bibliotèque du Jurisconsulte et du Publiciste*, t. 1, p. 250-264, em 1826.

salista.[126] Para ele, o contrato já estaria formado, tanto que consentimento, capacidade e objeto estivessem presentes. A indagação sobre a causa não seria jurídica.

Os argumentos básicos eram os seguintes: (a) como pode uma obrigação ser causa da outra, se ambas nascem simultaneamente? (b) Há uma nítida confusão com o objeto, o que tornaria a figura inútil. (c) É impossível fazer uma separação segura e nítida entre causa e motivo.[127] Na verdade, em que pese a autoridade dos seus defensores, a teoria anticausalista não fez escola na França, que seguiu aplicando os dispositivos positivados no *Code*.

O próprio Laurent, quando apresentou seu *avant projet* de revisão do Código Civil francês, datado de 1884, não prosseguiu com suas críticas e manteve os artigos, apenas suprimindo o artigo 1.132, pois era a posição dominante na jurisprudência e na doutrina.[128]

8. A causa segundo Henri Capitant

De qualquer sorte, as críticas e algumas das incongruências da teoria da causa serviram para que novas teses e visões do tema fossem sendo propaladas. Neste contexto, assume papel fundamental a obra de H. Capitant, tantas vezes citada neste trabalho, na qual, expondo seu conceito de causa, reformulou, de certa forma, a teoria clássica.

Fundamentalmente, H. Capitant refuta a definição tradicional de causa, dizendo que, nos contratos bilaterais, efetivamente não se pode tratar a obrigação de uma parte como causa da obrigação da outra parte, sob pena de dar-se guarida à crítica anticausalista segundo a qual haveria um círculo vicioso nesta definição.

Para ele, a causa é o fim visado pelos contratantes; porém, este fim "...n'est pas l'obligation de l'autre, laquelle intervient simultanéa-

---

[126] F. LAURENT. *Principes...*, op. cit., nota de rodapé nº 1, p. 151 é explícito ao referir que reproduz o ensinamento de Ernst.

[127] Na corrente dos anticausalistas, a bibliografia também é significativa. Além dos citados Ernst e Laurent, ainda pode-se citar, sempre exemplificativamente, no direito francês, Baudry-Lacantinerie *et* Barde, Th. Huc e, mais recentemente J. Dabin, na obra já citada. Th. Huc sustenta a tese de que o artigo 1.131 "...est le résultat d'une pitoyable équivoque sur le sens et l'orthographe du mot cause! En se conformant à l'usage de son temps, Beaumanoir n'aurait pas manqué d'écrire: L'obligation sans *coze*, ou sur une fausse *coze*, ou sur une *coze* illicite, ne peut avoir aucune effet. Aujourd'hui c'est le mot *chose* qui doit remplacer le vieux mot emprunté au latin, et les règles sur la cause dans les obligations ne son que la reproduction, en des termes différents et sans signification précise, des règles sur l'objet", op.cit., p. 110 (grifos no original). Esta a passagem invocada por C. Beviláqua quando se manifestou contra a teoria da causa (vide nota de rodapé nº 2, na Introdução).

[128] H. CAPITANT. *De la cause...*, op. cit., nota de rodapé nº 1 na p. 40.

ment avec la sienne, *mais l'éxécution de cette obligation, c'est-à-dire la prestation à lui promise*".[129]

Com esta definição, que o próprio H. Capitant admite não ser original, ele acaba por romper com o círculo no qual não se sabe o que vem primeiro, se a obrigação de um ou a de outro, com isto criando-se uma contradição.

Este conceito já pode ser visto em outros autores anteriores, ainda que não o tenham esmiuçado e sistematizado tão apropriadamente. Assim, F. Mourlon, no século XIX, já dizia: "On peut dire, en résumé, que la cause de l'obligation est l'équivalent que le débiteur veut acquérir en échange du bénéfice qu'il procure ou s'engage à procurer; en d'autres termes, ce qu'il reçoit en retour de ce qu'il donne".[130]

E. Gaudemet também acentua este caráter sustentando que nos contratos bilaterais a causa sempre representa um valor econômico, um crédito ou uma prestação, que acresce ao patrimônio do devedor, compensando um acréscimo do passivo que decorre do nascimento da obrigação.[131]

Ao estabelecer este conceito, superou-se uma das críticas dos anticausalistas e, fundamentalmente, fixou-se muito bem o que é o fim imediato e o que é o consentimento. Este consiste em querer obrigar-se; já a causa consiste no que se quer com o obrigar-se. Ambos são elementos integrantes da manifestação de vontade: "Le but fait partie intégrante de la manifestation de volonté créatrice de l'obligation (...). L'acte de volonté se compose de deux éléments: d'abord, le consentement, qui est le fait de promettre de s'engager, et ensuite la considération du but à atteindre au moyen de cette promesse. L'obligation n'est qu'un moyen pour arriver à un but".[132]

9. Outras teorias sobre a causa

Além da tese de H. Capitant, outras teorias tentaram superar os impasses acerca do tema. Assim, J. Maury sustenta que a causa é a reunião de dois conceitos. O primeiro, de índole objetiva, representaria *"la raison d'être économique de l'obligation"*. O segundo, de natureza subjetiva, consistiria no *"motif dont le droit tient compte"*. Para unificar estas duas visões, o autor propõe a noção de *"équivalent voulu"*. Para

---

[129] *De la cause...*, op. cit., p. 39 (grifou-se).

[130] *Repetition...*, op. cit., nota de rodapé nº 1, p. 609.

[131] *Théorie générale des obligations*. Reimpressão da publicação de 1937. Paris: Sireys, 1965, p. 122.

[132] H. CAPITANT. *De la cause...*, op. cit., p. 19.

este autor, em sua unidade, a causa desempenharia duas funções. "D'une part, la cause joue un rôle de protection individuelle, elle permet d'obtenir l'annulation d'un engagement qui apparaît dépourvu de cause (...) Au deuxième point de vue, qui est celui de la protection sociale, la cause permet de limiter l'autonomie de la volonté en scrutant les motifs en vue d'interdire le contrat s'ils apparaissent comme illicites ou immoraux".[133]

Apesar desta visão, J. Maury nega que se possa estender a noção de causa para a fase de execução do contrato, limitando-a à sua formação.[134]

Igualmente, há posicionamentos mais objetivos, como o de Louis-Lucas, para quem a causa seria "la necessitè compensatoire incluse dans une prestation ou dans un fait qui, réalisant un enrichissement suffisant, est la source objective et le fondement quantitatif de l'obligation dont son bénéficiaire est tenu envers celui qui s'en est appauvri".[135]

Ou, ainda, a posição citada de Rouhette. Segundo este autor, a causa consistiria em um "donnée objective, elle n'est pas motif de la volonté de s'obliger, mais raison justificative de la reconnaisance, par le droit, de l'obligation, par la même elle est négation, et non limite du consensualisme".[136]

Avaliando estas duas correntes mais objetivas, Marty *et* Raynaud afirmam que, para elas, a causa seria "onipotente" no enriquecimento sem causa, "pujante" nos contratos a título oneroso e "decrescente, a ponto de desaparecer" nos contratos a título gratuito, "où la cause est incluse dans la volonté pour certains (Louis-Lucas) et n'existe pas pour d'autres, la forme jouent alors le rôle qu'elle ne remplit pas (Rouhette)".[137]

10. O papel da causa nos contratos sinalagmáticos: diferença entre o direito brasileiro e o francês

Assentada a noção vigente no direito francês, passa-se a um exame de alguns institutos típicos dos contratos bilaterais ou sinalagmáticos que encontram sua explicação no aspecto causal.

---

[133] MARTY, Gabriel; RAYNAUD, Pierre. *Droit civil – les obligations*. 2. ed. Paris: Sirey, 1983, t. 1, «Les sources», p. 204.

[134] J. GHESTIN. *Traité...*, op. cit., p. 754.

[135] Idem, p. 757-758.

[136] Idem, p. 760.

[137] *Droit civil...*, op. cit., p. 200.

O exame será feito tanto à luz do direito francês quanto do direito positivo brasileiro. Antes, porém, devem ser acentuadas as diferenças existentes entre os dois sistemas.

Como já se disse desde a introdução, o Código Civil brasileiro não adotou a noção de causa como elemento integrador do contrato ou, sequer, como requisito de eficácia. Isto já seria suficiente para uma primeira refutação do que se vai expor, daí que seja necessária a compreensão do que aqui se defende.

No direito francês, como se viu, o *Code* inseriu a causa junto com o consentimento, a capacidade e o objeto. Ao fazê-lo, acabou por considerá-la um dos requisitos essenciais para a validade do contrato. Dentro da conhecida tripartição (elementos de existência, requisitos de validade e fatores de eficácia),[138] o enquadramento dado pelo art. 1.108 do *Code* trataria a causa ou como elemento ou, minimante, como requisito de validade (note-se que o texto do artigo fala em "conditions (...) essentielles pour la validité").[139]

O artigo 104 do Código Civil brasileiro, ao tratar dos requisitos do ato jurídico, menciona a capacidade, a licitude do objeto e a regularidade da forma. Implicitamente, o artigo acaba por indicar alguns dos elementos, pois se os requisitos são qualidades dos elementos, estes seriam os substantivos adjetivados (o agente – sujeito que deve consentir (vislumbrando-se então o consentimento) – é que é capaz, o elemento objeto é que deve revestir-se da qualidade "lícito", e o elemento forma que se qualifica como "prescrita ou não defesa em lei").

Não há, de qualquer sorte, menção à causa. Isto faz com que não se a possa ter como um elemento sem o qual o contrato não entre no mundo jurídico (como poderia ser no direito francês caso se considere o artigo 1.108 como designador de elementos). Por outro lado, tampouco está ela posta como requisito genérico, de modo que a sua ausência não é uma das causas normais de nulidade ou anulabilidade dos negócios.[140] Isto não quer dizer que em um ou outro ato específico

---

[138] A terminologia acerca dos planos pelos quais passa o negócio jurídico é confusa, não havendo um rigorismo técnico nas diversas legislações ou nos textos doutrinários e decisões jurisprudenciais sobre o tema. Para tanto, vai-se adotar aqui a nomenclatura proposta por Antônio Junqueira de Azevedo que sistematizou com perfeição técnica o tema.

[139] "A doutrina francesa, em sua quase-totalidade, e a maior parte dos autores de outras nacionalidades somente se refiram a negócios inexistentes e a negócios inválidos, ignorando os ineficazes (isso quando não preferem limitar-se à categoria dos negócios inválidos, subdivididos em absolutamente nulos e relativamente nulos)", AZEVEDO, Antonio Junqueira de. *Negócio Jurídico. Existência...*, op. cit., p. 25.

[140] Os artigos 166 e 171 do Código Civil ao estabelecerem as causas de nulidade e anulabilidade prendem-se, diretamente, ao art. 104, pois consideram nulos e anuláveis os atos em que algum ou alguns dos requisitos expostos no citado artigo 104 apresentem vício ou defeito.

(mesmo um contrato) não haja causa de nulidade ou anulabilidade especificamente prevista, prendendo-se a eventual forma especial de algum elemento categorial.[141] Como regra geral, porém, a causa está fora da estrutura do negócio nos planos da existência e da validade.

Tratando-se dos contratos sinalagmáticos, parece que ela efetivamente está presente como fator de eficácia. Para tanto, prescinde-se de uma pré-determinação legal, haja vista que os fatores de eficácia são extrínsecos ao negócio. Novamente é Antônio Junqueira de Azevedo quem explica: "De fato, muitos negócios, para a produção de seus efeitos, necessitam de fatores de eficácia, entendida a palavra fatores como algo extrínseco ao negócio, *algo que dele não participa, que não o integra, mas contribui para a obtenção do resultado visado*".[142]

No caso dos contratos sinalagmáticos, no direito brasileiro (ausente uma regra como a do artigo 1.108 do Código francês), a noção de causa, mesmo em sentido subjetivo (o fim visado pelos agentes quando da manifestação de vontade e que, em certos contratos é sempre o mesmo, pois tem uma objetividade diversa dos motivos) funciona como fator de manutenção da eficácia. Se nesses contratos *"l'obligation de chaque partie a pour cause l'obligation de l'autre"*, a manutenção desta reciprocidade que surge com o próprio contrato (dito sinalagma genético) durante a fase de execução é um fator para que os efeitos queridos sejam mantidos e alcançados (sinalagma funcional).

Portanto, a teoria da causa subjetiva, especialmente no que tange aos contratos bilaterais, que é o ponto relevante para o presente trabalho, não se reveste, no direito brasileiro, da mesma sistemática que a adotada no direito francês, mormente pela ausência de texto legislativo que a consagre como elemento ou requisito dos contratos.

Apesar disto, "A causa, no nosso direito, não está na lei, mas está, porque é inevitável, no ordenamento como um todo"[143] e atua como fator de manutenção da eficácia.[144] É neste sentido que se pretende

---

[141] Daí que o mesmo Antônio Junqueira de Azevedo mencione a causa pressuposta nos contratos reais e nas doações como requisito de validade.

[142] *Negócio Jurídico. Existência...*, op. cit., p. 54 (grifou-se).

[143] AZEVEDO, Antonio Junqueira de. *Negócio Jurídico. Existência...*, op. cit., nota de rodapé n° 239, p. 158.

[144] Idem: "A doutrina francesa encara a idéia de causa sob o ângulo da validade, em virtude dos próprios termos do art. 1.108 (...)" (p. 152). "Nos contratos bilaterais, o elemento categorial inderrogável consiste em se convencionar a prestação como causa da contraprestação e vice-versa (e a causa consiste, naturalmente, na dupla realização da prestação e da contraprestação). Segue-se daí que, uma vez formado o contrato bilateral (plano da existência) e se for válido (plano da validade), o não-cumprimento posterior da prestação (falta de causa referida na sua constituição) autoriza a resolução, evitando que a parte inocente seja obrigada a cumprir a sua prestação, que se tornou sem causa" (p. 153).

tratá-la neste capítulo, para fazer um estudo da estrutura dos contratos sinalagmáticos. Mais tarde, o que se estudar neste capítulo servirá para fazer um exame das situações obrigacionais sinalagmáticas não contratuais.

11. O papel da causa nos contratos sinalagmáticos: o sinalagma funcional

Ressaltadas essas diferenças fundamentais, passa-se ao exame do efeito da causa nos contratos sinalagmáticos. Diz H. Capitant que a causa exerce uma função após a formação do contrato, durante a sua fase de execução: "Nous avons dit que la cause exerce son influence sur le sort du contrat tant que le but visé par chaque obligé n'est pas atteint, c'est-à-dire tant que les prestations réciproques n'ont pas été complètement et régulièrement exécutées. Cela se conçoit aisément, puisque les effets du contrat doivent tendre à la réalisation de la fin juridique que chaque partie s'est proposée. Aussi est-il impossible d'expliquer, sans cette notion trois règles suivante que forment les pièces essentielles du mécanisme du contrat synallagmatique...".[145] As regras que encontrariam explicação na propagação da ideia de causa para a fase executória do contrato seriam: (a) a exceção do contrato não cumprido, (b) a resolução por caso fortuito ou força maior e (c) a resolução por inadimplemento.

É bem verdade que a tese da extensão da causa para a fase de execução não é pacífica, havendo aqueles que, como J. Maury, sustentam que a causa só se apresenta relevante na formação do contrato. Muito embora admita que a ideia de equivalência (deve-se lembrar que para J. Maury a causa era um *équivalent voulu*) permaneça na execução, aduz: "...la résolution pour inexécution (fautive ou non), de façon plus lointaine l'exceptio non adimpleti contractus en droit français, la disparition des obligations des deux parties au cas d'impossibilité fortuite d'exécution (...) sont des applications – non sans intervention d'éléments accessoires – de cette idée même d'équivalence qui est le fondement de la théorie de la cause; mais il y a intérêt à distinguer les deux moments de la vie du contrat (naissance et exécution) où intervient l'idée (n'y a-t-il pas, d'ailleurs, des sanctions différentes, nullité et résolution?) et la cause est élément de la formation de la convention, condition de l'existence de l'obligation".[146]

---

[145] *De la cause...*, op. cit., p. 250-260.

[146] *La caducité du contrat.* Aix-en-Provence: Presses Universitaires d'Aix-Marseille, 1999, p. 495. Outro argumento seria o fato da causa estar posta no capítulo do Código referente à validade

Esta objeção, porém, pode ter algum fundamento no direito civil francês que deu tratamento à causa no plano da validade (ou da existência), cominando-lhe a nulidade como sanção pela sua não observância. No direito brasileiro, entretanto, observada a natureza eficacial da relação sinalagmática nos contratos, o plano perfeito para que a mesma se manifeste é justamente o momento da execução. Aqui aparecem os efeitos do contrato validamente existente. Por isso, é lícito que se decomponha a estrutura dos contratos sinalagmáticos, quanto à sua função, a partir da ideia de causa, como fim imediato, ou seja, como interesse na execução da prestação da outra parte contratante.[147]

Ainda assim, apesar de poder ter alguma ressonância no direito francês, o posicionamento dominante e atual na jurisprudência é o de estender a noção de causa para o momento da execução. F. Garron, em livro que trata da caducidade do contrato, aponta a falta de causa (no momento da execução) como uma das hipóteses de caducidade. Indagando sobre o fato da extensão ou não à fase executória, diz: "L'examen de la jurisprudence apporte une réponse très nette à cette interrogation: un contrat sans cause, ou dont une obligation fondamentale est sans cause, ne possède aucune réalité juridique (...) La cause apparaît ainsi comme un élément essentiel à la solidarité des obligations, c'est-a-dire à la cohésion de la convention. Par l'effet de cette solidarité juridique, elle confère une physionomie unitaire au contrat que, sans elle, ne serait pas une entité juridique mais une juxtaposition d'engagements sans rapports. Elle représente, en quelque sorte, l'indispensable 'ciment' de cette entité (...) La Cour de cassation consacre, en effet, la théorie de la cause de l'obligation par son application systématisée: selon la Cour, l'absence de cause doit être prise en compte, non seulement au stade de la formation des conventions, mais encore à celui de leur exécution".[148]

---

dos negócios e não no que pertine aos efeitos, ver MALECKI, Catherine. *L'exception d'inexécution.* Paris: LGDJ, 1999, p. 41, onde refuta a tese de H. Capitant.

[147] Dada a natureza de requisito (ou elemento) da causa no direito francês, por meio da teoria da causa é possível serem explicados alguns institutos contemporâneos à formação contratual. Assim, H. Capitant trata da perda total ou parcial da coisa no momento da venda como um problema de causa (hipótese versada no art. 1601 do *Code*); a venda *a non domino* que é caso de nulidade no direito francês também é explicada como sendo um caso de ausência de causa (artigo 1.599 do Código Francês). *De la cause...*, op. cit. , p. 198-208.

[148] *La caducitè...*, op. cit., p. 132-135. O autor, inclusive, diz que a jurisprudência vai mais longe, utilizando a noção de causa entre contratos, justificando, em certas circunstâncias complexas, uma interdependência entre contratos (op. cit., p. 138-143).

12. A exceção do contrato não cumprido: conceito e pressupostos

A *exceptio non adimpleti contractus* não é instituto jurídico que esteja contemplado no direito francês de maneira positiva. Ao contrário do Código Civil brasileiro, que a prevê expressamente no art. 476 primeira parte, o direito francês só a admite de maneira indireta.[149]

A rigor, os autores que lá estudaram o tema afirmam que foi graças à obra de Raymond Saleilles que se admitiu, modernamente, a *exceptio* no direito francês.[150] Devido, porém, a esta ausência de fundamento legal específico, várias foram as explicações para o fundamento da exceção.

A exceção do contrato não cumprido é uma exceção de direito material pela qual, em um contrato sinalagmático, nenhuma das partes está obrigada a prestar antes que a outra parte também preste. Já se vê que só é possível vislumbrar-se a referida exceção quando estiverem presentes alguns pressupostos.

Salta aos olhos, como primeiro pressuposto, o caráter sinalagmático do contrato. Não se pode cogitar dele sem que ambos os lados tenham obrigações recíprocas. Quanto a este requisito, discute-se se os contratos bilaterais imperfeitos também poderiam ensejar a aplicação do instituto. Os contratos bilaterais imperfeitos, na verdade, são degenerações de contratos que começam unilaterais e nos quais, durante a fase de execução, surge uma obrigação para o contratante que inicialmente estava desonerado.

À diferença dos contratos bilaterais ou sinalagmáticos, nos unilaterais não se vislumbra a relação de reciprocidade entre as obrigações, ou seja, a obrigação surgida na fase de execução, por não estar presente desde a formação do contrato, não é o fator determinante da obrigação do outro contratante.

---

[149] Diz CARBONNIER, Jean. *Droit civil 4/Les obligations*. 19. ed. Paris: Presses Universitaires de France – Puf, 1995, p. 314: "L'exception d'inéxécution n'est prévue que par quelques textes fragmentaires (ex. a. 1621, 1653). On peut cependant, pour reconnaître à l'exception une portée générale, argumenter a fortiori de l'a. 1184: mieux vaut autoriser le refus d'éxécution que d'avoir ensuite à prononcer une résolution rétroactive, avec sa séquelle de restitutions".

[150] C. MALECKI. *L'exception...*, op. cit., p. 10: "A la fin du XIXe siècle, l'exception d'inéxécution, généralement inconnue sous cette dénomination, a commencé à faire l'objet d'étude mais, le plus souvent, aux côtés et même sous couvert d'autres mécanismes, le plus connu étant le droit de rétention. L'École de l'Exégèse, avec notamment Aubry, Rau et Demolombe, s'est interrogée sur le principe de la simultanéité d'exécution. Mais ce n'est pas que vers 1890 que Saleilles, faisant un travail de comparatiste, s'est interrogé sur l'existence même de l'exception".

Os bilaterais perfeitos, por outro lado, são "aqueles contratos em que cada um dos figurantes assume o dever de prestar *para que o outro ou outros lhe contraprestem*".[151]

Normalmente, nos bilaterais imperfeitos, a obrigação para a parte inicialmente desobrigada surge após ou em decorrência do outro contratante desincumbir-se da sua prestação. É o caso, por exemplo, do mandato quanto às despesas necessárias à sua execução (art. 675 do Código Civil) ou às perdas e danos sofridas pelo mandatário por força da execução do contrato (art. 678 do Código Civil). O mesmo ocorre no contrato de depósito (art. 643 do Código Civil).

Por isto, a doutrina acaba afastando a possibilidade dos contratos bilaterais imperfeitos gerarem a invocação da exceção, até porque, repita-se, o "...contrato bilateral imperfeito não deixa de ser unilateral, pois, no momento de sua conclusão, gera obrigações somente para um dos contratantes".[152] [153]

Esta distinção, a par de afastar a aplicação da *exceptio* no campo de qualquer contrato que não seja bilateral perfeito ou sinalagmático, já deixa entrever que a característica destes contratos reside na figura da causa, como concebida pela doutrina de H. Capitant. O fim imediato do contrato reside na prestação do outro contratante e esta relação de reciprocidade é que leva os contratantes a aceitarem cumprir, cada qual, a sua parcela obrigacional. Efetivamente nos contratos sinalag-

---

[151] PONTES DE MIRANDA. *Tratado...*, op. cit., t. 26, p. 96 (grifou-se).

[152] GOMES, Orlando. *Contratos*, op. cit., p. 72.

[153] Neste sentido, acórdão da 3ª Câmara Cível do extinto Tribunal de Alçada do Rio Grande do Sul, negara a incidência da *exceptio* em contrato de mútuo financeiro, devido ao caráter unilateral do contrato. "*Exceptio non adimpleti contractus*. Descabimento. Nos mútuos hipotecários destinados ao financiamento de casa própria, a obrigação contratual do agente financeiro se exaure com a entrega dos recursos contratados ao vendedor" (Apelação Cível nº 187050679, julgada em 18.10.1987). Em outro feito negou-se a *exceptio* entre dois créditos oriundos de uma mesma sentença por entender-se inexistente a relação de reciprocidade: "Títulos executivos judiciais. Títulos independentes e autônomos não são concorrentes. É descabida a exceptio non adimpleti contractus, em face de título executivo judicial, pela oposição de outro vertido da mesma sentença" (2ª Câmara Cível do extinto Tribunal de Alçada do Rio Grande do Sul, Apelação Cível nº 188054332, julgada em 29.09.1998, e publicada na revista Julgados do TARGS 68/370). O Superior Tribunal de Justiça, em acórdão da lavra do Min. Sálvio de Figueiredo Teixeira, da 4ª Turma, no REsp. nº 5213/PA, publicado no DJ de 07.10.1991, após citar as lições de Washington de Barros Monteiro, Pontes de Miranda, Colin *et* Capitant, De Page e Savigny, deixa ementado que é "nos contratos sinalagmáticos, em que incidente a *exceptio non adimpleti contractus*, permitido é ao contratante retardar o adimplemento da sua obrigação enquanto o outro não satisfaz a sua". Em interessante acórdão da lavra do Des. Antônio Janyr Dall'Agnol Jr, na Apelação Cível nº 598524031, da 6ª Câmara Cível do Tribunal de Justiça do Rio Grande do Sul, aplicou-se a *exceptio* ao caso de uma transação judicial, haja vista a sua natureza contratual e a existência de bilateralidade: "Transação judicial. Obrigações recíprocas. Exceptio non adimpleti contractus. Acolhimento. Estabelecidas, na conciliação levada a efeito em juízo, recíprocas obrigações, não é admissível, em princípio, que um dos co-figurantes pretenda executar o seu crédito, sem que demonstre ter satisfeito o seu débito ou que se disponha a fazê-lo".

máticos, a causa da obrigação de um dos contratantes é o cumprimento da obrigação do outro. A parte consente em obrigar-se ("sim, quero obrigar-me") tendo em vista a prestação correspectiva ("por que quero a tua prestação").

O segundo pressuposto consiste na simultaneidade das obrigações.[154]

Para estes casos, o direito brasileiro prevê, no art. 477, segunda parte, a chamada exceção de inseguridade. Não havendo simultaneidade nas prestações, aquele que tenha de prestar primeiro não pode, como dito, esquivar-se, invocando a *exceptio non adimpleti contractus*. Porém, a relação de reciprocidade não deixa de existir, permanecendo a relação causal que determinou o consentimento. Daí que a lei preveja que, aquele que deve prestar em primeiro lugar, temendo que a outra parte, devido à diminuição patrimonial que comprometa ou torne duvidosa a execução, não adimpla, possa recusar-se a cumprir até que sejam dadas garantias suficientes.

Trata-se de figura distinta da *exceptio non adimpleti*. Bem o demonstra a discussão em torno do disposto no art. 429 do Código Civil português.[155] As divergências se estabelecem em torno da amplitude da exceção de seguridade, ou seja, se é sempre possível negar-se a cumprir, quando a prestação do outro corra risco, ou apenas nas hipóteses que determinam a perda do benefício do prazo.

Segundo José João Abrantes, "a generalidade da doutrina tem interpretado o art. 429º como contendo uma remissão para o art. 780º. Verificando-se em relação ao outro contraente alguma das circunstâncias previstas neste preceito – *e só nessa hipótese* – o obrigado a cumprir em primeiro lugar passa a poder invocar a excepção do contrato não cumprido". A tese não é, porém, pacífica. Não entende assim, VAZ SERRA, segundo o qual "o nosso meio de defesa pode ser invocado pelo contraente obrigado ao cumprimento prévio, não só quando se verifique alguma das referidas circunstâncias, mas ainda em todo e qualquer caso em que a situação patrimonial da outra parte

---

[154] PONTES DE MIRANDA. *Tratado...*, op. cit., t. 26, p. 97: "Se a prestação tem de ser anterior, também não pode o figurante, que a deve, exigir que o outro contrapreste, sem que antes preste".

[155] Art. 429.º: "Ainda que esteja obrigado a cumprir em primeiro lugar, tem o contraente a faculdade de recusar a respectiva prestação enquanto o outro não cumprir ou não der garantias de cumprimento, se, posteriormente ao contrato, se verificar alguma das circunstâncias que importam a perda do benefício do prazo". Já o artigo 780.º é o que trata das hipóteses de perda do benefício do prazo: "1. Estabelecido o prazo a favor do devedor, pode o credor, não obstante, exigir o cumprimento imediato da obrigação, se o devedor se tornar insolvente, ainda que a insolvência não tenha sido judicialmente declarada, ou se, por causa imputável ao devedor, diminuírem as garantias do crédito ou não forem prestadas as garantias prometidas".

seja susceptível de fazer perigar a efectivação do direito à contraprestação".[156]

O dispositivo do Código português abre a via única da negativa de cumprir e trata o caso como sendo uma hipótese de vencimento antecipado da dívida, daí que faça remissão à perda do benefício do prazo. Igualmente, justifica-se a recusa dada ao posicionamento de Vaz Serra. Isto porque, efetivamente, tratando-se apenas de uma exceção ao pressuposto da simultaneidade só terá sentido se se criar esta simultaneidade pela hipótese de vencimento antecipado, ou perda do benefício do prazo.

Já no direito brasileiro isto não ocorre porque a segunda parte do artigo 477 não foi concebida como mera exceção à regra da simultaneidade, e sim como outra exceção, aquela que Pontes de Miranda chama de exceção de inseguridade. Que não se trata de caso de vencimento antecipado como no direito português diz o mesmo Pontes: "Nem o nascimento da exceção de inseguridade nem o seu exercício faz vencer-se, antecipadamente, a dívida. Trata-se de regra jurídica sobre exceção (*ius exceptionis*). E não regra jurídica sobre vencimento antecipado".[157] E isto porque, como já dissera antes, "Não se trata de pretensão à prestação antecipada (em relação à do outro figurante), ou à caução; trata-se de exceção. *Ao outro figurante é que cabe escolher entre prestar antecipadamente (= ao mesmo tempo em que o que teria de prestar antes), ou dar caução. A exceção permite retardamento da prestação por parte do pré-obrigado*".[158]

O terceiro pressuposto que a doutrina aponta é o da boa-fé. Quer-se dizer, a exceção não é meio pelo qual se possa simplesmente "ganhar tempo". Deve ser invocada considerando-se circunstâncias relevantes.[159]

---

[156] *A Excepção de Não Cumprimento do Contrato no Direito Civil Português – Conceito e Fundamento.* Coimbra: Almedina, 1986, p. 76-77 (grifou-se).

[157] *Tratado...*, op. cit., t. 26, p. 112.

[158] Idem, p. 111 (grifou-se).

[159] A 4ª Turma do STJ afastou a alegação da *exceptio* feita por seguradora que se recusava a pagar o seguro porque havia parcelas do prêmio pagas com atraso sem os encargos da mora. No corpo do acórdão, o relator, Min. Sálvio de Figueiredo Teixeira afirma que não aplicava a *exceptio*, "Isso na medida em que, a despeito de pagas com atraso, o certo é que as parcelas de julho e agosto foram normalmente recebidas (...) Sequer constou dos comprovantes de pagamento ressalva acerca de eventuais encargos financeiros incidentes em razão da mora (...) Em síntese, conforme constou da sentença e não foi infirmado em segundo grau, os pagamentos com atraso eram tolerados e nunca foram eles considerados causa de cancelamento. Só no momento de pagar a indenização combinada descobriu-se a falha, usada para não cumprir o contrato". Embora o acórdão não refira expressamente, o comportamento coibido era tipicamente contrário à boa-fé, consistindo em verdadeiro *venire contra factum proprium* a alegação oportunista da exceção (REsp. nº 36022/SP, publicado no DJ de 12.06.1995). No mesmo sentido acórdão da 15ª Câma-

M. M. Serpa Lopes dá como exemplos de ausência de boa-fé (a) a oposição fundada na inexecução de uma prestação secundária, (b) se a inexecução teve causa em agir culposo do que invoca a exceção ou (c) quando é exercida para além do necessário.[160]

No que tange ao primeiro caso de exercício contrário à boa-fé, há que se ponderar dois pontos. O primeiro diz com a existência da *exceptio non rite adimpleti contractus*; o segundo, com a importância depositada pelas partes na prestação, ainda que secundária, inadimplida.

A *exceptio non rite adimpleti contractus,* também chamada de adimplemento ruim, consiste no cumprimento defeituoso que uma das partes faz da sua prestação, com isto desatendendo a finalidade da contratação e, consequentemente, deixando a outra parte insatisfeita, de modo que ela não veja razão para cumprir integralmente com a sua prestação.

A rigor, não está prevista no artigo a hipótese de mal cumprimento. O que a doutrina pacificamente faz é uma interpretação pela qual o adimplemento ruim equivaleria ao inadimplemento.[161] Isto de certa forma conduz ao segundo ponto. Até onde o mal cumprimento enseja a exceção? Estarão as prestações secundárias (ou acessórias) ou, até mesmo, as anexas[162] abrangidas pela *exceptio non rite*?

---

ra Cível do extinto Tribunal de Alçada do Rio Grande do Sul, na Apelação Cível nº 197203359, julgada em 19.08.1998 onde explicitamente está dito: "...não pode o promitente comprador, escudado na *exceptio non adimpleti contractus*, negar-se ao pagamento do preço contratado. A exceção de inexecução da obrigação deve ser utilizada de acordo com as regras de boa-fé. Não age assim quem, depois de doze anos da subscrição da promessa, após auferir lucros decorrentes de cessões subseqüentes dos direitos dos imóveis comprometidos, nega-se a efetuar o pagamento porque não integralizado o objeto do compromisso".

[160] *Curso de Direito Civil. Fontes das Obrigações: Contratos.* 4. ed. Rio de Janeiro: Livraria Freitas Bastos, 1991, v. 3, p. 143-144.

[161] Ensina MESSINEO, Francesco. *Doctrina General del Contrato.* Buenos Aires: Ediciones Jurídicas Europa-América, 1986, t. 2, p. 438, referindo-se ao art. 1.460 do Código Civil Italiano, que contém regra assemelhada à do art. 477 do CCB: "...El art. 1.460 no hace ninguna referencia a la excepción non rite adimpleti contractus (cumplimiento irritual); y con razón, puesto que, mientras parece que la disciplina respectiva sea independiente, en sustancia la excepción aludida no es, mirándolo bien, sino una variante de la excepción de incumplimiento, bajo el aspecto de la incidencia de la carga de la prueba".

[162] Devido à grande variedade terminológica utilizada pelos autores para definir as prestações decorrentes da boa-fé (ora chamadas de acessórias, ora de anexas, ora de laterais) a utilização que parece mais clara e didática é exposta por COSTA, Mário Júlio de Almeida. *Direito das Obrigações.* 6. ed. Coimbra: Almedina, 1994, p. 59. Para o referido autor, há deveres principais ou primários ("Constituem estes e os respectivos direitos o fulcro ou núcleo dominante, a alma da relação obrigacional"); há deveres secundários ou acidentais que se subdividem nas modalidades dos deveres secundários meramente acessórios da prestação principal ("os quais se destinam a preparar o cumprimento ou assegurar a sua perfeita realização"), os secundários com prestação autônoma ("o caso da indenização resultante da impossibilidade culposa da prestação originária, que substitui esta") e os deveres secundários com prestação coexistente com o dever

O mesmo M. M. Serpa Lopes, que estabeleceu o limite, afirma que a hipótese de má-fé por deixar-se de cumprir uma prestação secundária "Importa (...) em se afirmar a relação de conexidade na proporcionalidade das duas prestações: a exigida e a que deixou de ser cumprida".[163]

Essa relação de conexidade, porém, não deixa de ser estabelecida segundo a finalidade que as partes atribuem à contratação. Assim, por exemplo, uma obrigação anexa pode avultar de tal forma que se torne tão importante quanto a principal. Clóvis V. do Couto e Silva dá o exemplo de contrato no qual uma parte encarregou-se de produzir um anúncio luminoso divulgando o estabelecimento da outra, bem como, acessoriamente, de instalar dito anúncio. No cumprimento, por comodidade, instalou-o em parte da casa em que o anúncio passava desapercebido dos transeuntes. Falhou o dever anexo de colaboração, e o seu rompimento acabou tornando defeituoso o adimplemento, ainda que a parte tenha cumprido a obrigação principal e a secundária. É que era objetivamente perceptível que a função da placa era divulgar o estabelecimento. Logo, apesar de anexa a obrigação, o seu cumprimento tinha conexão com a proporção teleológica imprimida pelas partes ao adimplemento.[164]

Também aqui a ideia de causa-fim, como proposta por H. Capitant, tem relevância. Só por um exame da finalidade que as partes atribuem às obrigações recíprocas é que se pode falar em relação de conexidade, na proporcionalidade entre as duas prestações. O que vai estabelecer esta conexão é o fim atribuído como parte da manifestação de vontade (ou, na linguagem mais técnica de Antônio Junqueira de Azevedo, na declaração negocial), ao lado do consentimento em si.[165]

---

principal ("o caso da indenização por mora ou cumprimento defeituoso, que acresce à prestação originária"). Ainda há os deveres laterais ("derivados de uma cláusula contratual, de dispositivo da lei 'ad hoc' ou do princípio da boa-fé. Estes deveres já não interessam diretamente ao cumprimento da prestação ou dos deveres principais, antes ao exato processamento da relação obrigacional...").

[163] *Curso...*, op. cit., v. 3, p. 143.

[164] *A Obrigação...*, op. cit., p. 40.

[165] Tratando do tema da proporcionalidade entre as prestações a 4ª Turma do STJ já deixou assentado que a reciprocidade deve se dar entre as prestações ao longo do contrato e, em toda a sua extensão. Assim, julgando um caso onde o construtor havia entregue os imóveis, porém o mesmo deixara de apresentar condições de solidez e segurança, entendeu o STJ que não poderia alegar que cumprira com a obrigação principal, pois deveria assegurar, como recíproca ao pagamento das parcelas dos promitentes compradores, também a solidez e segurança do edifício (REsp. nº 2330/SC, publicado no DJ de 28.06.1990). A 4ª Câmara Cível do Tribunal de Justiça do Rio Grande do Sul, no julgamento da Apelação Cível nº 586018095, deixou decidido: "Há que se distinguir as hipóteses onde plenamente incide a exceptio non adimpleti contractus, daquela onde a execução parcial, incompleta ou deficiente da obra, faz com que dependa essa incidência da relevância de circunstâncias particulares, a tornar considerável a defesa do apontado

Sem tal perquirição, ter-se-ia de estabelecer uma regra absoluta pela qual apenas e tão somente as obrigações principais poderiam ensejar a invocação da *exceptio non adimpleti contractus*.

13. A exceção do contrato não cumprido: fundamento

Definidos os pressupostos para que seja invocada, vários deles intimamente ligados ao fundamento da existência da exceção em si, cabe ver qual o fundamento que os autores atribuem para o acolhimento da *exceptio*. Há várias teorias para justificar a exceção, todas, em maior ou menor grau, desembocam na mesma razão de ser da teoria da causa como vista por H. Capitant.

Há quem sustente que a exceção deriva da condição ou da cláusula resolutiva tácita inserta em todos os contratos. Como afirma J. J. Abrantes: "A teoria fundamenta a excepção e a resolução por incumprimento na vontade presumida das partes, à qual é reconduzido o regime jurídico dos dois institutos e é atribuída a justificação dos seus efeitos: tanto um como o outro derivariam da subordinação do contrato (dos seus efeitos) à condição do cumprimento de ambas as obrigações, isto é, do condicionamento tácito da execução de cada uma das obrigações à execução da outra".[166]

Mais recentemente, C. Malecki sustentou a mesma tese. Para ela, a proximidade dos institutos, seja historicamente (ambos derivados da regra canônica *frangenti fidem fides non servanda est*), seja pela indissociabilidade dos contratos sinalagmáticos, torna imperioso que se veja na regra do art. 1.184 do *Code* a justificativa única dos dois institutos.[167]

Ainda que presa no mesmo dispositivo e irmanada no mesmo fundamento, a autora autonomiza a *exceptio*. "Ni dans l'ombre ni le diminutif ou le préalable de résolution, l'exception d'inexécution est

---

inadimplente, como preleciona Espíndola, na esteira da doutrina civil majoritária". Igualmente afirmando que não basta constar de um contrato bilateral para que a obrigação descumprida dê causa à exceção está o acórdão da Apelação Cível nº 192009231, Rel. Araken de Assis, da 7ª Câmara Cível do extinto Tribunal de Alçada do Rio Grande do Sul, onde se decidiu: "Exceção do contrato não cumprido (CC, art. 1092, caput – atual art. 477). Se a obrigação não compete ao parceiro da relação contratual, e, sim, a terceiro, ou se não guarda reciprocidade dentro do contrato bilateral, com a obrigação de quem excepciona, descabe a exceptio" (julgada em 18.03.1992).

[166] *A Exceção...*, op. cit., p. 184.

[167] Recorde-se que CARBONIER também parece pensar assim, ao ver no art. 1.184 uma regra geral que, embora destinada à resolução, contém em si a regra da exceção. Ver nota 145 supra.

une condition sous-entendue dans les contrats synallagmatiques pour le cas où l'une des parties ne satisfera point à son engagement".[168]

O grande problema desta concepção é a de que se utiliza da figura da condição para explicar algo que não deriva da vontade das partes, mas que é da natureza do contrato. A condição é um evento futuro e incerto. Admitir-se que todos os contratos contêm a condição referida é admitir que todos os contratos são condicionais, nenhum podendo ser puro. Ademais, se se trata de operar uma condição, o que ocorre automaticamente, como explicar que, sobrevinda a condição, o credor tenha opção entre excepcionar ou resolver?

Quando se define a condição subentendida mais fragilizada fica a tese. É ainda C. Malecki quem diz que as dificuldades acima expostas podem ser superadas bastando admitir que "...la notion de condition au sens de condition inhérente et mutuelle de l'exécution de chacune des obligations du rapport synallagmatique".[169]

Ora, condicionar à execução de cada uma das prestações nada mais é do que dizer que os contratantes têm em mira a prestação do outro, de modo que, apenas em se cumprindo uma, se justifica a outra. Isto não é, no fundo, diverso da ideia de causa, no sentido de fim.

Ademais, visualizar o mesmo fundamento da resolução não afasta a teoria da causa como explicação da *exceptio*, tanto que, como adiante se verá, também a resolução encontra sua justificativa na causa.

Outra explicação é dada pela teoria da equidade. É a ideia expressa por G. Ripert. Para esta corrente, "a interdependência das obrigações sinalagmáticas (...) é tutelada, não por ter sido querida pelas partes contraentes (...) mas porque, objetivamente, se encontra em conformidade com a justiça e a equidade, valores que o direito pretende proteger...".[170]

Além de ser noção extremamente vaga,[171] o próprio G. Ripert, ao referir tal fundamento, tratando também da resolução e da revisão dos contratos, sustenta que "le juge détruit le contrat qui *manque son*

---

[168] *L'exception...*, op. cit., p. 68.

[169] Idem, p. 69.

[170] J. J. ABRANTES. *A Exceção...*, op. cit., p. 201.

[171] É de CASSIN a observação segundo a qual: "Il est vrai que la notion de la pure équité est à raison de sa larguer et de sa souplesse, trop imprécise, trop vague pour qu'on puisse en se basant sur elle seule déterminer avec précision à quelles conditions et sous quelle forme la résistance du défendeur sera réputée légitime", *apud* MALECKI. *L'exception...*, op. cit., nota de rodapé n° 2, na p. 30.

but et il désarme le créancier".[172] Essa referência ao fim contratual parece ser a explicação técnica para a regra moral. É a estrutura causal, o fim de um sendo a causa do fim do outro, que dá o revestimento técnico. Falho o fim, há um mecanismo técnico que justifica a exceção. Se este mecanismo foi inspirado por questões morais ou de equidade é um fundamento mais remoto do que a justificativa dogmática do instituto.

Todas estas explicações acabam desembocando na ideia de causa. Daí que diga H. Capitant que é a relação causal que justifica a *exceptio*. Seria ofender a vontade das partes impor-se a uma delas que cumprisse a sua obrigação sem que a outra o fizesse. O autor busca em J. Domat esta explicação e cita, também, passagem de R. Saleilles.[173]

Entre os autores pátrios, é difícil encontrar uma expressa referência à noção de causa. Ao contrário, alguns a negam expressamente, como Pontes de Miranda, que afirma: "Não se pode atribuir à causa a exceção non adimpleti contractus ou a non rite adimpleti contractus".[174] Isto se deve, entretanto, ao fato deste autor conceber a causa como causa da atribuição, ou a função que o direito atribui ao ato jurídico.[175]

Nada obstante, um autor como M. M. Serpa Lopes, que se manifesta anticausalista,[176] ao tratar da *exceptio*, diz que H. Capitant "refere, com muita propriedade, que a manifestação da vontade é uma e indivisível; importa em desconhecê-la e desnaturá-la, cindir e separar a obrigação de sua causa, pois importaria num retrocesso à velha concepção romana de obrigação abstrata".[177]

Luis Roldão de Freitas Gomes afirma que o conceito de causa repercute em alguns dispositivos, entre os quais cita os artigos 1.121,

---

[172] *La règle morale dans les obligations civiles*. 4. ed. Paris: LGDJ, 1949, p. 143.

[173] *De la cause...*, op. cit., p. 268-269, quanto à Domat é a seguinte a passagem citada: "Dans toutes conventions (synallagmatiques), l'engagement de l'un étant le fondement de celui de l'autre, le premier effet de la convention est que chacun des contractants peut obliger l'autre à exécuter son engagement en exécutant le sien de sa part". Quanto à Saleilles: "Dans le contrat synallagmatiques les deux obligations sont des dettes dont chacune est la cause juridique de l'autre; si bien que ce n'est pas seulement par voie de faveur, et sous forme de mesure d'équité, que l'on permet au débiteur de l'une de ne pas s'exécuter si le paiement de l'autre ne lui est pas offert, mais c'est en vertu d'un droit qu'il tient du contrat lui-même".

[174] *Tratado...*, op. cit., t. 26, p. 93.

[175] *Tratado...*, op. cit., t. 3: "A causa é a função, que o sistema jurídico reconhece a determinado tipo de ato jurídico" (p. 78). "A causa refere-se à atribuição. Tantos tipos de atribuições, tantas as causas (...) A causa nunca é convencional" (p. 79).

[176] Ver nota de rodapé nº 1 na Introdução.

[177] *Curso...*, op. cit., v. 3, p. 142.

1.092 e 964 do Código Beviláqua (respectivamente, os atuais artigos 461, 477 e 876 do CC de 2002).[178]

Caio Mário da Silva Pereira não fala em causa, mas usa expressões que denotam a posição da corrente causalista quando faz repousar a justificativa na "interdependência funcional" ou na "interligação orgânica das prestações".[179]

Orlando Gomes, por sua vez, não é explícito, dizendo que: "O fundamento desse direito é intuitivo. Visto que a essência dos contratos bilaterais é o sinalagma, isto é, a dependência recíproca das obrigações". Mais adiante, entretanto, diferenciando a exceção do direito de retenção, afirma que nos bilaterais "... a obrigação de uma parte é a causa jurídica da outra".[180]

Tem-se, portanto, que a ideia de causa como o fim manifestado, consistente, de certa forma objetiva, sem confundir-se com os motivos, no interesse na execução da prestação correlativa, justifica figuras como a *exceptio non adimpleti contractus* e a *exceptio non rite adimpleti contractus*.

Trata-se de manutenção de uma relação que começa recíproca (sinalagma genético) e mantém-se recíproca (sinalagma funcional) sob pena de uma das partes perder o interesse que, juridicamente, a levou a contratar.

Essa é a mesma estrutura que aparece na resolução, sendo que, nesta hipótese, há circunstâncias que tornam mais nítida a visualização do interesse no cumprimento da outra prestação.

14. Resolução por inadimplemento: conceito e pressupostos

A resolução[181] por inadimplemento é instituto que também está vinculado, na tese de H. Capitant, à teoria da causa-fim. Na verda-

---

[178] *Contrato*. Rio de Janeiro: Renovar, 1999, p. 95. Mais adiante, após citar a posição de Antônio Junqueira de Azevedo, conclui: "Parece-nos que, em Direito não causalista como o nosso, seu conceito, todavia, não passa ao largo de sua aplicação" (p. 96).

[179] *Instituições de Direito Civil*. 8. ed. Rio de Janeiro: Forense, 1990, v. 3, p. 107. As expressões traduzem uma sinonímia, vê-se bem em F. MESSINEO. *Doctrina...*, op. cit., p. 432-433: "Ella (a exceção) se funda en el nexo de interdependencia (o conexión) entre las prestaciones al que hemos aludido varias veces a propósito del contrato con prestaciones recíprocas y en cuya virtud la prestación no puede mantenerse sin la contraprestación (...) Por lo tanto, el fundamento de la excepción puede encontrarse también en este caso en la causa de la obligación".

[180] *Contratos*, op. cit., a primeira passagem encontra-se na p. 91 e a segunda na p. 92.

[181] Como diz Luiz Roldão (*Contrato*, op. cit., p. 147), "Sabe-se não haver uniformidade de entendimento e denominação na matéria, sendo certo que o Código Civil, em vários de seus preceitos (arts. 856, 879 e 923) usa o verbo resolver, sempre que a prestação se impossibilitar sem culpa do

de, a resolução pode ser vista como uma continuidade da *exceptio non adimpleti contractus*. Se a parte inadimplente pode cumprir e o credor tem interesse no cumprimento, poderá haver a suspensão temporária do contrato, por invocação da *exceptio*. Por outro lado, se o inadimplemento for de tal monta que torne a execução impossível ou inútil ao credor, este irá além da mera suspensão, postulandor a resolução do contrato, tal qual prevê o art. 475, Código Civil.

Assim, pode-se falar em resolução expressa, sempre que as partes tiveram o cuidado de inserir uma cláusula criando tal direito formativo extintivo no contrato, regulando a possibilidade de extinção em caso de inadimplemento. Também há a resolução legal. Em não havendo cláusula expressa, as partes podem fazer valer a já citada regra do art. 475 do Código Civil. Essas duas modalidades de resolução apresentam algumas diferenças significativas. A mais importante, quiçá, seja o fato de que a resolução expressa prescinde de ação judicial, operando-se de pleno direito, resolvendo-se o contrato pelo só fato do inadimplemento. Já a resolução legal, também chamada de resolução judicial, carece de ação judicial para poder operar os seus

---

devedor" (As referências do autor são ao Código . Por outro lado, M. M. Serpa Lopes (*Curso*..., v. 3, op. cit., p. 172) usa a terminologia da seguinte forma: rescisão – quando houver caso de nulidade; resolução – quando sobrevém um evento condicional; revogação – quando a lei concede tal direito, como no mandato; distrato – quando há acordo de vontades. Todas essas figuras são espécies do gênero extinção dos contratos. A mesma advertência faz Orlando Gomes (*Contratos*, op. cit., p. 169): "A matéria da extinção dos contratos não se acha ordenada numa teoria geral que ponha termo à confusão proveniente da terminologia usada na legislação e na doutrina, e, em seguida, das divergências e vacilações nos conceitos, classificações e distinções necessárias". Após isto, afirma que no gênero extinção pode-se falar em causas contemporâneas à formação do contrato e causas supervenientes. Naquelas estão as causas de anulação. Nestas, as de dissolução. Entre as causas de dissolução distingue entre a resolução, a resilição e a rescisão. A resolução "...tem como causa, pois, a inexecução por um dos contratantes, denominando-se, entre nós, rescisão, quando promovida pela parte prejudicada com o inadimplemento" (p. 171). "Seguindo a terminologia francesa, reserva-se aqui o vocábulo resilição para a dissolução do contrato por simples declaração de vontade de um ou das duas partes contratantes" (p. 185). A resilição pode ser bilateral, também chamada de distrato. Também pode ser unilateral, quando assume a modalidade de denúncia (nos contratos por tempo indeterminado); revogação (nos contratos benéficos e nos de confiança); arrependimento (estabelecendo um *jus poenitendi*) ; renúncia (que é negócio jurídico extintivo) e o resgate (que ocorre só na enfiteuse e na constituição de renda) (ob. cit., p. 186-187). Já a rescisão é "...termo (...) usado no sentido de resilição e, mesmo, de rescisão" (p. 188) embora a mais correto seja dedicá-lo à extinção por causa de lesão ou em caso de estado de perigo. Vê-se, portanto, (e os exemplos poderiam seguir, em outras obras) que há uma diversificação muito grande na nomenclatura utilizada. Duas excelentes monografias nacionais sobre o tema (ASSIS, Araken de. *Resolução do Contrato por Inadimplemento*. 2. ed. São Paulo: RT, 1994, e AGUIAR JR., Ruy Rosado de. *Extinção dos Contratos por Incumprimento do Devedor (Resolução)*. Rio de Janeiro: AIDE, 1990) adotam a nomenclatura exposta por Pontes de Miranda (*Tratado*, op. cit., t. 26, passim). Ela distingue-se, basicamente, da exposta por Orlando Gomes, na medida em que (a) não chama a resolução judicial de cláusula ou condição resolutiva tácita, e porque (b) não segue a nomenclatura francesa e toma o termo resilição como tipo de resolução incidente nos contratos bilaterais onerosos de trato sucessivo, ou seja, tratam-na como uma resolução que produz efeitos *ex nunc*. Neste trabalho, a referência ao termo resolução é feita como sendo caso de extinção por inexecução, imputável ou não, ao devedor inadimplente.

efeitos. Para o presente trabalho, porém, a diferença que mais interessa, como abaixo se verá, reside no fato de que a resolução expressa, fruto que é da autonomia contratual das partes, pode incidir independentemente da gravidade da inexecução. Já a resolução legal guarda uma correlação com a importância da obrigação inadimplida.

Também a resolução, assim como a exceção, só ocorre se preenchidos certos pressupostos. O primeiro, congênito à própria definição do instituto, é o inadimplemento. O segundo consiste em que o contrato sobre o qual incida a resolução seja de natureza sinalagmática.

Quando se fala em inadimplemento, deve-se lembrar que ele pode ser classificado de várias formas. Segundo Agostinho Alvim, o inadimplemento pode ser absoluto ou simples mora, sendo que o primeiro subdivide-se em total ou parcial. Ocorre o inadimplemento absoluto "quando não mais subsiste para o credor a possibilidade de receber". Já a mora ocorrerá "no caso em que a obrigação não tenha sido cumprida no lugar, no tempo ou na forma convencionados, subsistindo, em todo o caso, a possibilidade de cumprimento".[182]

O citado autor, referindo a lição de Eduardo Espínola, diferencia o inadimplemento absoluto total do parcial "conforme a impossibilidade absoluta da prestação a compreende em sua integridade ou em uma de suas partes".[183]

Os autores que tratam da resolução no direito brasileiro são uníssonos em referir que, em se tratando de invocar a resolução legal, o pressuposto do inadimplemento deve ser o que se qualifica como absoluto.[184] Já para a hipótese de resolução convencional, tanto a mora quanto o inadimplemento absoluto lhe dão causa. Portanto, para o caso de haver cláusula resolutiva inserta no contrato, qualquer inadimplemento, por mais insignificante que seja, pode ensejar a resolução.[185] É bem verdade que se tem acolhido a teoria do adimplemento substancial (*substantial performance*) segundo a qual, sendo mínimo o descumprimento e havendo já sido executada parcela substancial do

---

[182] *Da Inexecução das Obrigações e suas Conseqüências*. São Paulo: Saraiva, 1949, p. 15.

[183] Idem, ibidem.

[184] Decisão da 3ª Câmara Cível do extinto Tribunal de Alçada do Rio Grande do Sul na Apelação Cível nº 190001297, julgada em 07.02.1990, afirmou: "Somente o inadimplemento absoluto enseja a demanda resolutória, e não a simples mora (inadimplemento relativo), que pressupõe a utilidade e a possibilidade da prestação", decisão publicada na Revista Julgados do TARGS 78/144.

[185] Neste sentido compreende-se a afirmação de Orlado Gomes (*Contratos*, op. cit., p. 174-175): "O pacto deve indicar as obrigações cujo inadimplemento determina a resolução, mas na prática é uma cláusula de estilo atinente ao efeito resolutivo do descumprimento sem especificação da infração contratual, *prescindida a sua gravidade*" (grifou-se)

contrato, não se deve acolher a pretensão resolutória, em homenagem à manutenção dos contratos.

Já a resolução legal prevista no artigo 475 só ocorre se houver um inadimplemento absoluto, ou seja, quando, para além da mora, tem-se situação de impossível cumprimento.[186]

A razão para tal diferença pode ser explicada tanto pela incidência do princípio da conservação quanto pela teoria da causa.

Segundo Antônio Junqueira de Azevedo, "...há um princípio fundamental que domina toda a matéria da inexistência, invalidade e ineficácia; queremos referir-nos ao *princípio da conservação*. Por ele, tanto o legislador quanto o intérprete, o primeiro, na criação das normas jurídicas sobre os diversos negócios, e o segundo, na aplicação dessas normas, *devem procurar conservar, em qualquer um dos três planos – existência, validade e eficácia –, o máximo possível do negócio jurídico realizado pelo agente"*.[187]

Considerando-se que a característica da mora é a viabilidade do cumprimento, ainda que fora do tempo, lugar ou forma inicialmente acertados, se os contratantes não fizeram inserir regra contratual pela qual reputassem que a simples mora enseja a resolução, é porque deram valor à manutenção do contrato, mais do que a inadimplementos não irreversíveis. Não se pode esquecer que o negócio jurídico contratual é regido pela autonomia da vontade e, no âmbito deste princípio, se os contratantes entenderem que o desvirtuamento de qualquer regra já lhes é significativo para o rompimento, são livres para preverem tal regra.

Assim, no silêncio das partes, a regra é que, ainda sendo possível o adimplemento, conserve-se o negócio. Afetado o plano da eficácia (uma das prestações devidas não é adimplida) ainda se mantém a utilidade do negócio que é o ponto presumido pelo princípio da conservação.[188]

Ausente a regra, porém, o momento eficacial do negócio pode ser afetado por um inadimplemento absoluto, de sorte que não mais seja, sob qualquer enfoque, viável o cumprimento da prestação. Aqui,

---

[186] Araken de Assis diz: "Verdadeira a interpretação, aqui preconizada, retratando pensamento majoritário, o inadimplemento relativo impede irrevogavelmente o acesso ao mecanismo resolutório..." (*Resolução...*, op. cit., p. 93).

[187] *Negócio Jurídico. Existência...* , op. cit., p. 64, grifos no original.

[188] É o mesmo Antônio Junqueira de Azevedo que vincula a ideia de utilidade ao princípio da conservação: "O princípio da conservação, portanto, é a consequência necessária do fato de o ordenamento jurídico, ao admitir a categoria negócio jurídico, estar implicitamente reconhecendo a utilidade de cada negócio jurídico concreto" (idem, p. 65).

mesmo que se queira, a qualquer custo, preservar o negócio, o mesmo está afetado pela sua inutilidade, pela frustração do fim que levou um dos contratantes a aceitar prestar o seu correspectivo. Dada a sinalagmaticidade do contrato bilateral, no momento em que não mais sobreviver a prestação, a contraprestação perde a sua razão jurídica de ser e, consequentemente, apesar da inexistência de qualquer regra de resolução, esta se dará.

Não por outro motivo, o segundo pressuposto para o surgimento do direito formativo extintivo de resolver é a presença de um contrato sinalagmático (e mais, como na *exceptio non adimpleti contractus*), ou seja, um contrato bilateral perfeito. É que "(...) o direito de desobrigação é uma consequência da interdependência das obrigações recíprocas, circunstância que não se verifica nos contratos unilaterais. Mas, se o contrato unilateral passa a ser bilateral, que é justamente hipótese que denominamos contratos bilaterais imperfeitos, nada obsta a que se aplique a mesma regra, subentendendo-se, desde esse momento em diante o pacto comissório (...) Daí o Código Civil, em dispositivos especiais, regular o assunto, estabelecendo para certos contratos unilaterais onerosos, ou sejam os bilaterais imperfeitos, efeitos análogos aos do pacto comissório. O que isso prova, entretanto, é que o texto do art. 1.092 só se aplica aos contratos bilaterais perfeitos".[189]

A passagem citada (com referências ao Código Civil de 1916) mostra que da natureza sinalagmática compartilha a resolução e que a regra geral do atual art. 475 só se destina aos tipos contratuais que se subsumam com bilaterais perfeitos. Nada obstante, assim como a vontade pode reputar inadimplementos relativos suficientes para a resolução, também a lei pode criar situações especiais nas quais se insira uma possibilidade resolutiva, não havendo, a rigor, uma relação puramente sinalagmática. Daí dizer com acerto Araken de Assis que "...o campo operativo da resolução se revela *menor* que o do inadimplemento das obrigações no contrato bilateral, pois nem todas se colocam em função recíproca, e, ao mesmo tempo, *maior* que essa categoria abstrata, porque em outras avenças, unilaterais na aparência, se convencionou a resolução ou se criou, ainda que em parte acessória ou lateral, a bilateralidade, de resto imprescindível à aplicabilidade da resolução".[190]

---

[189] CARVALHO SANTOS, J. M de. *Código Civil Brasileiro Interpretado*. 6. ed. Rio de Janeiro: Livraria Freitas Bastos S/A, 1954, v. 15, p. 245.

[190] *Resolução...*, op. cit., p. 26, grifos no original.

Isto reforça a explicação causal, entendida como causa-fim. Sempre que as partes reputarem a prestação de tal importância que a sua não superveniência deixe sem causa (*rectius*, sem fim, sem utilidade) a prestação do outro, põe-se fim à relação. Por outro lado, pressupondo um fim sempre presente nos contratos bilaterais (o caráter objetivo da noção subjetiva de causa), inviabilizando-se esse fim, há regra expressa na lei para o desfazimento; já que não há mais causa, rui o princípio da conservação, pois não se vai conservar o que não mais tem interesse.

A linha do raciocínio prossegue na regra do parágrafo único do art. 395 do Código Civil. Se a mora, por si só, não dá azo à resolução, dita regra equipara ao inadimplemento absoluto a situação de mora à qual se junte a inutilidade para o credor. Quer-se dizer, o Código equipara a situação em que ainda é viável cumprir (pois de simples mora se trata) ao rompimento definitivo, por reconhecer um elemento subjetivo importante, qual seja, a utilidade (*rectius*, o fim, a causa) do contrato para o credor.[191]

Se ainda é possível o adimplemento; se a regra é que a simples mora não enseja a resolução; se as partes não incluíram regra expressa atribuindo força resolutiva ao inadimplemento relativo; se se reconhece o princípio da conservação, o que justifica uma regra como a do parágrafo único do art. 395 do Código Civil?

Parece que a explicação é justamente a ideia de causa. Há quem explique a resolução como decorrência da interdependência típica das prestações no contrato sinalagmático (assim como há a teoria que explica a *exceptio* pela conexidade inata nos contratos sinalagmáticos). Se fosse assim, jamais a simples mora (exceto se convencionado) ensejaria a resolução, ainda que inútil para o credor, pois a permanência não decorreria de um fim almejado e sim de uma troca objetiva. Ao admitir-se que a finalidade atribuída à prestação enseja a resolução, ainda que o inadimplemento seja relativo, revela-se que a orientação do instituto resolutivo estriba-se na utilidade subjetiva do negócio (que é, em última análise, a noção de causa esposada por H. Capitant).

Ruy Rosado de Aguiar Jr., tratando especificamente dos critérios para avaliar o desinteresse do credor que justifica possa ele enjeitar a prestação, diz: "Certamente, é o interesse que decorre do próprio sinalagma, onde existem prestações correspectivas, em equivalência, podendo ser objetivamente estabelecido qual o interesse que a presta-

---

[191] Na Apelação Cível nº 190040964, a 3ª Câmara Cível do extinto Tribunal de Alçada gaúcho decidiu que "É possível resolver negócio bilateral em razão do chamado adimplemento insatisfatório, desde que torne inútil a prestação" (julgamento ocorrido em 30.05.1990).

ção prometida iria satisfazer, de acordo com a sua natureza e a experiência comum. Os dados a considerar, portanto, são de duas ordens: os elementos objetivos, fornecidos pela regulação contratual e extraídos da natureza da prestação, e o elemento subjetivo, que reside na necessidade existente no credor em receber uma prestação que atende à carência por ele sentida, de acordo com a sua legítima expectativa. Não os motivos ou os desejos que, eventualmente, o animavam, mas a expectativa resultante dos dados objetivos fornecidos pelo contrato, por isso legítima".[192]

O trecho começa dizendo que é o "interesse que decorre do sinalagma", ou seja, não é o próprio sinalagma, mas a finalidade que ele atende. E isto parece ficar mais claro (no sentido de causa como utilizado neste capítulo, embora o autor não se valha da expressão) quando, ao final, o texto faz questão de diferenciar o "interesse que decorre do sinalagma" dos motivos (eterna preocupação dos que, como H. Capitant, aceitam uma noção subjetiva de causa).

Também Araken de Assis (embora rejeite a explicação causal) afirma que "Ao credor a prestação tardia parece 'inútil', segundo os dizeres do art. 956, parágrafo único, do Código Civil (atual 395, parágrafo único, do CC de 2002), se o incumprimento momentâneo rompe o ajuste qualitativo da reciprocidade obrigacional, porque o bem prestado – ou prometido prestar – teve seu valor alterado, fazendo o negócio desvantajoso, ou porque a incerteza quanto ao adimplemento retardado quebra o interesse na manutenção do vínculo".[193]

Também aqui se fala em rompimento do *"ajuste qualitativo da reciprocidade"* e não de rompimento da reciprocidade. No caso do inadimplemento absoluto há quebra da reciprocidade (nada advirá em contraprestação). No inadimplemento-mora, algo virá, mas não atende mais ao interesse do credor, não tem mais finalidade, logo, o elemento subjetivo da reciprocidade não se faz mais presente e a prestação não tem causa.[194]

---

[192] *Extinção...*, op. cit., p. 133.

[193] *Resolução...*, op. cit., p. 113.

[194] Isto é o que ocorre em outras circunstâncias em que se cogita de causa para a resolução, mesmo sem inadimplemento absoluto ou, até mesmo, sequer sem mora, como nas hipóteses de quebra positiva do contrato ou de quebra antecipada. Não se vai tratar destes temas aqui, pois o exame da resolução é pontual, destinando-se, apenas, a demonstrar o funcionamento do mecanismo causal nos contratos sinalagmáticos. De igual forma se deixa de lado a interessante controvérsia envolvendo o tema e que pertine a saber se o inadimplemento a que se refere o art. 475, em devendo ser imputável ao devedor, arrosta a ideia de culpa ou se prescinde deste elemento. No sentido da necessidade de culpa (posicionamento majoritário), por todos, Agostinho Alvim (*Da Inexecução...*, op. cit., p. 19-40, §§ 11 a 31). No sentido contrário, ver Pontes de Miranda (*Tratado...*, op. cit., t. 23, §2.800).

15. Resolução por inadimplemento: fundamento

Todo o mecanismo resolutório, tal como explicado, à luz da teoria da causa, não está isento de críticas, até porque não é pacífica a sua explicação. Ao contrário, "O fundamento desse princípio é controvertido. Alguns extraem-no da noção de causa, tomando o termo no significado em que o empregam os partidários da teoria clássica (...) Outros fundamentam o princípio no consentimento condicional das partes, baseados na reciprocidade das obrigações, sem atentar em que se as partes prevêem a inexecução, não se justifica a omissão de cláusula que estabeleça a condição resolutiva. Outros, ainda, justificam o princípio pelo vínculo que, no contrato, liga as obrigações dos contratantes, socorrendo-se da noção de causa-fim, como a depreendeu Capitant, da de equivalência sugerida por Maury ou do equilíbrio entre as obrigações essenciais do contrato e realizações de seus fins práticos. Por fim, sustenta-se que a faculdade de resolução se explica pela interdependência das obrigações, próprias dos contratos bilaterais".[195]

A mais tradicional das explicações para a resolução legal é a teoria da condição ou cláusula implícita. Todo o contrato bilateral teria uma cláusula implícita pela qual, não havendo o cumprimento de uma das partes, não mais estaria vinculado o outro contratante. Dita teoria, a par das críticas já feitas à sua aplicação para justificar a figura da *exceptio non adimpleti contractus*, na verdade não explica porque os contratos bilaterais careceriam de uma tal cláusula. Ou seja, ela apenas constata que há uma condição implícita, mas não declina o porquê da sua existência. Por outro lado, no direito brasileiro, essa explicação vincula-se agora à parte final da regra do art. 474 do Código Civil, que efetivamente prevê a figura da condição tácita. Pode-se falar em condição tácita, como exemplifica Pontes de Miranda, na hipótese de alguém comprar um imóvel para plantio de grãos, isto estar aceito pela outra parte, e constatar-se que o terreno não é apto a tal plantio.[196] Ademais, isto importaria em que a condição resolutiva tácita do artigo 474 operasse de forma automática, o que não se dá. Pá de cal na tese é a constatação de que "Da estridente opção oferecida ao parceiro fiel, entre a demanda de cumprimento e resolutória (...) se verifica, às evidências, que a última não pode advir de uma 'condição'".[197] E isto fica claro com o texto do artigo 475 do Código Civil, em aparente contradição com a regra do artigo 474.

---

[195] GOMES, Orlando. *Contratos*, op. cit., p. 172.

[196] *Tratado...*, op. cit., t. 38, §4.426, p. 333.

[197] ASSIS, Araken de, *Resolução...*, op. cit., p. 57.

Já a teoria da causa é refutada, tal qual quando adotada para explicar a *exceptio*, por ser mais pertinente à formação do contrato do que à fase executiva propriamente dita, bem como pelo fato de não explicar a opção pela demanda de cumprimento nos casos de inadimplemento relativo equiparados a inadimplemento absoluto. O primeiro argumento, em que pese poder ter alguma relevância em sistema que, como o francês, elenque a causa como elemento ou requisito do contrato, em direito como o nacional, que a considera como fator de eficácia, é inoperante.

A segunda objeção (não explicar a opção pelo cumprimento) é justamente afastada pela ideia de causa. Mantido o interesse, não há porque não invocar o princípio da conservação. Perdido o interesse, não há porque invocá-lo. Novamente a crítica é feita tendo em vista sistema que considera a falta de causa como requisito de validade. Efetivamente, fosse a ausência de causa uma questão de nulidade, como então supor-se que, *ad nutum*, pudesse um dos contratantes ignorar a nulidade? Ainda assim, entretanto, talvez se sobrepusesse o referido princípio da conservação aliado à permanência do interesse do credor.

16. A impossibilidade inimputável

Por fim, a última das figuras vinculadas aos contratos bilaterais que H. Capitant justifica com a noção causa é a caducidade por força maior ou caso fortuito. A questão é posta por J. Carbonnier da seguinte forma: "Quand on a affaire à un contrat unilatéral, tout est terminé par l'extinction de l'obligation unique. Mais, quand le contrat est synallagmatique, il faut rechercher, et c'est à quoi répond la théorie des risques, si, l'obligation de l'un des contractants étant éteinte, l'obligation de l'autre subsiste, ou si elles est éteinte par réciprocité, ce qui résout le contrat".[198]

No direito brasileiro, a solução encontrada foi diversa, e isto importa em que não se possa dar uma explicação absolutamente idêntica à da teoria da causa, como faz H. Capitant. É que a sistemática dos riscos foi regrada no regime geral das obrigações, e não exclusivamente no tocante aos contratos bilaterais, como no artigo 475. Depois, o regime resolutivo nas situações de caso fortuito ou força maior é de incidência *ope legis*, ao contrário da resolução legal que já se viu depender de manifestação judicial.

---

[198] *Droit...*, op. cit., p. 308.

Importa relevar, porém, que a distinção antes referida entre inadimplemento absoluto total ou parcial acarreta consequências distintas no que toca à resolução. Enquanto os artigos 234, 1ª parte, 238, 248, 1ª parte, e 250 do Código Civil – que tratam do inadimplemento absoluto total – operam a resolução automática, independentemente de qualquer manifestação do credor, os artigos 235 e 240 – que tratam do inadimplemento absoluto parcial – conferem ao credor a opção entre a resolução ou o adimplemento com abatimento do valor.

Esta distinção, porém, não consulta o fim atribuído pelas partes no sentido de causa, mas prende-se muito mais, como diz Clóvis do Couto e Silva, à questão da permanência do objeto ou não.[199] Num caso prescinde-se do direito formativo do credor, no outro, carece-se dele. Por isto Pontes de Miranda[200] afirma que o fundamento da repetição nos casos citados não é um eventual enriquecimento injustificado, mas sim a ilicitude de reter-se o que é de outrem.

Além do mais, dada a sistemática legal suprarreferida, "A resolução ou a resilição por inadimplemento só se refere aos contratos bilaterais. Não assim, a resolução ou resilição da impossibilidade sem mora (Código Civil, arts. 865, 866, 869, 876, 879, 1ª e 2ª partes e 888), que pode ser de dívida oriunda de contrato unilateral e até de promessa unilateral. A morte do animal que seria prêmio ao melhor cavaleiro resolve a obrigação oriunda de promessa de recompensa".[201] Ora, se sob a mesma regra abrigam-se contratos onde há sinalagmaticidade e onde não há é porque a explicação não se vincula a esta característica. Daí não servir a explicação causal e, tampouco, as regras da resolução legal inserta nos contratos bilaterais (art. 475). Por outro lado, indaga-se, qual a utilidade de regra própria para os bilaterais se estivessem eles submetidos ao regime geral dos artigos citados? Por isto, o art. 477 trata de resolução de contratos bilaterais por fatores imputáveis. Os fatos inimputáveis encontram abrigo nos demais artigos citados e não tem a mesma natureza da resolução.

Esta é a posição de Ruy Rosado e de Araken de Assis, nas monografias que se vêm utilizando. Diz o primeiro: "A (impossibilidade) inimputável superveniente libera o devedor e o desonera de reparar os prejuízos, pois inexiste mora de sua parte (art. 963 do Código Civil) – , razão pela qual não cabe ao credor o direito de invocar o parágrafo único do art. 1.092 do Código Civil, para resolver a relação e pleitear a

---

[199] *A Obrigação...*, op. cit., p. 152.

[200] *Tratado...*, op. cit., t. 25, § 3.807, p. 311-312.

[201] Idem, p. 311. Os dispositivos citados correspondem, respectivamente, aos artigos 234, 235, 238, 245, 248 e 250 do CC de 2002.

indenização".[202] É lição do segundo: "De imediato, basta excluir a impossibilidade derivada de força maior ou de caso fortuito, que, como visto, implica a resolução do negócio, pois goza de idêntica condição no contexto do contrato unilateral (...) a resolução *ex lege* (...) gira em torno do inadimplemento imputável ao devedor ocorrido no âmbito do contrato bilateral".[203]

17. Breve resumo do capítulo

Do exposto no presente capítulo pode-se fazer breve síntese. Quando a causa adentrou na sistemática do Código Civil francês, foi posicionada como elemento ou requisito dos contratos, o que acarretou toda uma doutrina acerca dos ditames positivos dos artigos 1.108, 1.131-1.133 do *Code*. Esta doutrina (chamada teoria clássica) passou por uma revisão e atualização devido à oposição que enfrentou. De todas estas doutrinas novas, a que maior prestígio gozou e goza nas obras doutrinárias e nos tribunais franceses é a noção formulada por H. Capitant acerca da causa-fim (*but*). Em que pese tal teoria vislumbrar e estudar a causa nas obrigações, abrangendo tanto os contratos bilaterais quanto os unilaterais onerosos e benéficos, preferiu-se centrar o exame nos contratos sinalagmáticos onde se define a causa como sendo o fim representado pelo interesse no cumprimento da prestação de cada um dos contratantes. Com esse sentido ela deve surgir no momento da formação do contrato, mas deve permanecer no momento da execução (traduzindo assim as ideias de sinalagma genético e de sinalagma funcional). Nos contratos sinalagmáticos, na fase de execução, dada a peculiaridade do direito civil brasileiro, a causa funciona como fator de eficácia e explica institutos como a *exceptio non adimpleti contractus* e a resolução legal.

A estrutura que a ideia de causa torna clara no âmago dos contratos bilaterais consiste em que uma prestação só encontre razão para poder ser exigida (ou seja, mantendo os efeitos para os quais o contrato nasceu) enquanto perdure a correspectiva prestação do outro contratante. Não sobrevindo uma, não há porque manter-se a outra, caso devam ser simultâneas. Correndo o risco de não sobrevir a segunda prestação, em caso de não simultaneidade, faz mister dar garantia dela sob pena da primeira ser prestada e o seu correspectivo não vir (frustrando o fim, negando permanência à causa). Impossibilitando-se de

---

[202] *Extinção...*, op. cit., p. 99.

[203] *Resolução...*, op. cit., p. 45.

forma imputável a prestação, o contrato deve ser resolvido, haja vista que a causa para a sua formação e execução desapareceu.

Na fase funcional a causa radica na relação de correspectividade. A eficácia que o contrato produz como troca de prestações recíprocas depende desta conexão. Como nos contratos há um consentimento que pode ser dirigido a um fim, a relação sinalagmática pode se referir a uma projeção. Nas relações paracontratuais, porém, a ausência de consentimento fará com que, desta estrutura ressalte o aspecto de correspectividade. Daí que se tenha detido a examinar a estrutura dos contratos sinalagmáticos com maior vagar. Fez-se isto, propositadamente à luz de um ordenamento que adotou a noção subjetiva, para verificar que, mesmo ali, ainda sobrevive a noção de sinalagma. Ainda, que, repita-se, não como fonte de surgimento da obrigação, mas como forma de mantê-la na fase funcional da relação contratual.

Capítulo V

A Teoria Objetiva da Causa
(o paradigma do Direito italiano e a pressuposição)

1. Plano do capítulo

Como que em um movimento de reação à teoria da causa subjetiva – que prendia o requisito da causa à manifestação volitiva das partes, com isto entendendo-a como o fim almejado por quem consentia[204] –, surgem manifestações que tentam formular uma ideia mais objetiva de causa,[205] buscando eliminar o caráter altamente subjetivo do qual se impregnara o tema.

O caminho perfilhado pelos defensores da tese da causa objetiva resultou em um encontro, de certa forma inevitável, com a teoria do tipo contratual. Dificilmente algum autor que tenha propugnado o conceito de causa objetiva, como função econômico-social, livrou-se de enfrentar a questão posta acerca da relação que se estabelece entre causa e tipo. O enfoque dado para o binômio "causa-tipo" evidentemente variou, às vezes sinonimizando os dois conceitos, outras vezes extremando-os, mas, sempre e sempre, referindo-se a ambos.

---

[204] O que foi objeto de estudo no capítulo anterior, quando foram examinadas algumas variações mais ou menos intensas sobre o tema, mas que resumidamente podem ser esquematizadas nesta vinculação "vontade-fim".

[205] Isto também se deu, por exemplo, no direito francês, principalmente com a obra de BOYER, Louis. *La notion de transaction – Contribution à l'étude des concepts de cause et d'acte déclaratif*. Paris: Librairie du Recueil Sirey, 1947, na qual o autor fala de uma *"cause catégorique"*, muito assemelhada à causa típica do direito italiano. Após examinar algumas teorias sobre a causa, tanto em sentido objetivo como subjetivo, conclui, voltando-se, depois, para a categorização na transação, que é o objeto do livro: "De l'étude de ces diverses théories et en dépit des nuances qui les séparent, une conclusion se dégage: la cause revêt un caractère abstrait et objectif, puisqu'invariable pour toutes les conventions de même nature, en l'espèce pour toutes les transactions" (p. 109).

Daí que se justifique, neste capítulo, que o exame do conceito de causa em sentido objetivo acabe por examinar questões ligadas à tipicidade.

O ponto tem pertinência com o plano do trabalho na medida em que delineia um dos conceitos de causa, sendo tarefa, desde o início anunciada, verificar-se, nas noções correntes que a palavra tem, a presença do conceito de causa sinalagmática.

Por outro lado, o conceito de tipo, intimamente ligado à ideia de causa objetiva, importa, em maior ou menor grau, na noção de reconhecimento e valoração jurídica da relevância social e econômica de certas condutas. A ideia que se desenvolve de causa sinalagmática, como adiante se verá, também reveste esta finalidade.

Quando certa conduta passa a integrar um determinado tipo legal, o ordenamento reputa-a importante, constante e, consequentemente, vinculante das partes nela envolvidas. Quando um comportamento atípico (e mais do que isto, carente de elementos que possam caracterizá-lo como um contrato, ainda que atípico) empenha as partes em obrigações recíprocas, passa-se algo semelhante à tipificação. Reconhece-se e valora-se, como produtora de efeitos obrigacionais, uma certa e determinada conduta (o que não deixa de desenvolver atividade de tipificação, não mais legal, mas jurídico-social).

Por estas razões, parece oportuno examinar a noção de causa objetiva. Como paradigma, adotou-se o regramento contido no Código Civil Italiano de 1942. Muito embora a noção, tal qual desenvolvida e acolhida naquele diploma, encontre defensores em outros direitos,[206] a Itália foi o berço desta concepção, revigorada e estimulada por sempre novos textos sobre o ponto.[207]

Destarte, o desiderato deste capítulo é examinar a noção de causa entendida objetivamente e estabelecer suas conexões com a teoria do tipo contratual. Por outro lado, quer-se pôr em relevo certas dou-

---

[206] Como sustentam, por exemplo, Federico de Castro y Bravo (*El Negocio Juridico*. Madri: Editorial Civitas, 1991, *passim*) e Jose Luis de los Mozos ("Causa y tipo en la teoria general del negocio juridico" e "La renovación dogmatica del concepto de 'causa' del negocio en Emilio Betti y su recepcion en la doctrina española", ambos constantes da coletânea *El Negocio Juridico (Estudos de Derecho Civil)*. Madri: Editorial Montecorvo, 1987) para o direito espanhol ou, entre nós, Orlando Gomes, (*Introdução*... op. cit. 12. ed.. Rio de Janeiro: Forense, 1996, em especial § 203), Maria Celina Bodin de Moraes Tepedino (O procedimento de qualificação dos contratos e a dupla configuração do mútuo no direito civil brasileiro. *Revista Forense*, 309/33) e Paulo Barbosa Campos Filho (*O Problema*..., op. cit., passim).

[207] A literatura sobre a causa no direito italiano não é menos extensa e, igualmente, assombrosa quanto ao volume que a literatura francesa sobre a noção de causa em sentido subjetivo, o que torna impossível um esgotamento da pesquisa, que sempre, por maior que seja, resultará, tal qual no capítulo anterior exemplificativa.

trinas que, sem caírem em subjetivismos, alargam a noção de causa, para nela abarcarem interesses merecedores de tutela (fazendo uso da noção de pressuposição). Este último enfoque permite que se estabeleçam certos liames com a ideia de causa sinalagmática.

Ao contrário do capítulo anterior, este pode ser mais conciso, pois os problemas dogmáticos com a causa-função não estão conectados ao tema central do trabalho. Enquanto a causa subjetiva do direito francês permite um paralelo, nos contratos sinalagmáticos, com situações do direito brasileiro (apesar da não aceitação legislativa da causa) que podem, em maior ou menor grau serem reconduzidas à reciprocidade das prestações, na causa função o centro se desloca para o problema do tipo. Em que pese a vinculação dos pontos, não acrescerá, ao raciocínio geral deste trabalho, o exame de situações problemáticas concretas como se fez no capítulo anterior.

2. As primeiras manifestações da causa em sentido objetivo

O Código Civil italiano de 1865 reproduzira, em seu texto, a sistemática do Código Civil francês sobre a causa. A rigor, os artigos que tratavam do tema eram uma reprodução do posto no *Code*. Na série de disposições que iam dos artigos 1.119 a 1.121 daquele diploma, todas, com exceção da regra do artigo 1.121, reproduziam os dispositivos do Código francês.[208]

Isto, porém, não impediu que vozes isoladas fossem combatendo a chamada doutrina clássica da causa, tecendo-lhe, muitas vezes, críticas assemelhadas à que a doutrina francesa, em especial a anticausalista, formulava. Em especial, votava-se crítica acerba à confusão entre causa subjetiva e motivos, dificilmente distinguível em muitas situações.

A doutrina é uniforme em apontar um primeiro esboço da noção objetiva na obra de Vittorio Scialoja sobre o negócio jurídico. Dita obra resumia o curso de direito romano ministrado pelo autor na Universidade de Roma no ano acadêmico de 1892-1893 e, a certa altura, afirmava: "Lo scopo del negozio giuridico dobbiamo considerarlo oggettivamente: la compra-vendita ha per scopo lo scambio fra merce e denaro, e *questo scambio è così socialmente utile che deve essere difeso dal diritto*. Quando il nostro sguardo si ferma su questo lato oggettivo del negozio giuridico, su *questa causa (poichè questa parola, che a molti significati diversi, nelle nostre fonti, serve appunto ad indicare anche questo*

---

[208] A regra do art. 1.121, que não encontrava similar no direito codificado francês, dizia que a causa se presumia até prova em contrário.

scopo, questa funzione del negozio giuridico) non vi può esser confusione tra la causa e i motivi impellenti dell'agente...".[209]

Seguiram-se outros autores que deram o mesmo enfoque, como, ainda exemplificativamente, Pietro Bonfante, que afirma que a palavra "causa" "Non è il motivo per cui la parte agisce, ma il motivo, se si vuole, per cui la legge riconosce sanzione giuridica, cioè l'essenza obbiettiva della relazione tra le parti, il negozio".[210]

Mais categórica ainda parece a doutrina de Ferrara: "La causa è il fondamento giuridico dell'obbligazione e la raggione obbiettiva della protezione legale, dell'efficacia del negozio giuridico. La causa non è da ricercarsi nella serie degli intenti voluti raggiungere, o nella sfera psichica dell'agente, ma è un elemento obbiettivo e estrinseco, che convalida e giustifica la promessa, che riveste di efficacia la dichiarazione di volontà".[211]

A origem de uma tal concepção derivaria, para além das citadas críticas à teoria subjetiva, à influência do direito germânico. A doutrina pandectista, desde o século XIX, vinha se debatendo com a dúvida acerca da obrigatoriedade dos "pactos nus" (o que talvez se explique pela recepção tardia do direito romano). Buscava-se identificar algum elemento comum a certas modalidades negociais que justificassem o seu acolhimento pelo direito. Isto resultou na divisão sobre a admissibilidade de negócios ou promessas abstratas.[212]

Nas duas posições supraexpostas já se vislumbra o germe do que vai consistir na mais sólida das doutrinas acerca da noção objetiva, qual seja, a formulada por Emilio Betti, incorporada que foi pelo Código Civil de 1942.[213]

---

[209] *Negozi Giuridici*. 3ª reimpressão. Roma: Società Editrice del Foro Italiano, 1933, p. 90 (grifou-se).

[210] Il contratto e la causa del contratto. *Rivista di Diritto Commerciale*, 1908, p. 115-125.

[211] *Teoria del negozio illecito apud* LUCIA FERRIGNO. L'uso giurisprudenziale del concetto di causa del contratto. *Contratto e impresa*, 1985 – 1/113, p. 120.

[212] A influência das discussões na Alemanha são atestadas por vários autores, desde os mais antigos, como VENEZIAN, Giacomo. La causa dei contratti. *Causa e consideration*. Pádua: Cedam, 1984, p. 27-83 (este texto foi originalmente publicado em 1918) e MOTTA, Antonio. *La Causa delle Obbligazioni nel Diritto Civile Italiano*. Turim: Fratelli Bocca, 1929, que diz: "Le origini di questa dottrina si possono rintracciare nei pandettisti tedeschi della seconda metà del secolo XIX. Si è osservato che la semplice promessa accettata non è, da sola, sufficiente a creare il contratto, ma si richiede il concorso di un elemento ulteriore necessario a completarla ed a giustificare la tutela legale. Questa ragione giustificatrice, questo motivo in virtù del quale la legge attribuisce effetto alla volontà individuale sarebbe la causa" (p. 113), até opiniões publicadas mais proximamente, como o artigo de FERRI, Giovanni Batista. Ancora in tema di meritevolezza dell'interesse. *Rivista di Diritto Commerciale*, 1979, p. 1-14 (expondo a posição em uma nota de rodapé nº 1, p. 1).

[213] Diz-se a mais sólida apesar de outras posições, todas propugnando pela objetividade, também terem se desenvolvido pelas lições de outros autores, apresentado variações em relação à tese de Betti. Nada obstante, não obtiveram acolhida tão significativa quanto a deste autor.

Apesar destes primeiros posicionamentos favoráveis à causa objetiva, ainda era posição dominante a que sustentava a doutrina subjetiva, apoiada, sobretudo, nos dispositivos codificados. Resumem bem o estado da doutrina as palavras de Antonio Motta, para quem "il sistema contrattuale accolto nel nostro codice si appoggia sulla volontà ed è diretto alla tutela ed all'autonomia di essa. È un sistema soggettivo, individualista, non oggettivo; e perciò non gli si adattano, specialmente nei riguardi di un elemento vitale del contratto quale è la causa, i dogmi elaborati nello studio di altro sistema".[214]

A rigor, diante da origem e da própria redação do código então vigente, não se pode dizer que a assertiva fugisse da realidade ou estivesse equivocada, ao menos, repita-se, do ponto de vista do direito positivo então vigorante.[215]

3. A contraposição das teses de Giuseppe Stolfi e de Emilio Betti

Por vários fatores, porém, a doutrina italiana vai se afastando da tese subjetivista. Para além da influência alemã, G.B. Ferri ainda acentua a influência da doutrina publicista em consonância com um clima político que tendia a estabelecer relações mais solidaristas entre o indivíduo e a sociedade. Com o advento da doutrina fascista, voltada para um corporativismo acachapante da liberdade individual em prol da sociedade, isto se incrementa, impondo-se na legislação.

Apesar disto, não foram fins corporativos que levaram os expoentes da posição objetiva a formular suas ideias. É que a noção de interação "indivíduo-sociedade", em contraposição a uma ideia de antagonismo entre os dois pólos, adequa-se ao liberalismo que inspirou as teorias da função social.

A premissa liberal conduz a dois pontos distintos na discussão acerca do negócio jurídico. Desde uma posição valorizadora da autonomia privada como liberdade do indivíduo dirigida a efeitos ju-

---

[214] *La causa...*, op. cit., p. 118.

[215] Para um exame dos argumentos de outros autores, ver L. FERRIGNO. *L'uso...*, artigo citado, especialmente o § 2, onde afirma: "La maggior parte degli studiosi fu concorde nel concepire la causa come lo scopo, il motivo determinante l'agente a dichiarare la volontà. A sua volta, il motivo determinante, quello rilevante giuridicamente, è il più vicino all'atto, quello, dopo il quale ha avuto luogo l'azione, provocata dalla catena più o meno lunga dei motivi individuali. La causa è, tra i motivi, l'ultimo cronologicamente, tutti gli altri non importano, di essi la legge non si cura" (p. 10).

rídicos até a visão da autonomia privada entendida como área de atividade reconhecida pelo ordenamento jurídico.[216]

Nas palavras de G. Stolfi, clássico representante da primeira corrente, "...se conserva aún la regla fundamental que el antiguo Código había tomado del francés: 'el contrato tiene fuerza de ley entre las partes' (art. 1372 pr.), de la cual se deduce que en orden a sus relaciones patrimoniales el hombre es árbitro de establecer cómo quiere obligarse, es decir, limitar o ampliar a su parecer el vínculo a que quiere dar origen, siempre que respete el orden público y las buenas costumbres. (...) La consecuencia más saliente del dogma de la autonomía de la voluntad es que el efecto de los negocios jurídicos tiene por causa inmediata la voluntad de la parte o partes interesadas".[217]

Quando se adota a outra posição, cujo expoente é o sempre citado E. Betti, muda o enfoque, pois deixa-se de conceber a autonomia "como fonte de normas jurídicas, destinadas a fazer parte integrante da própria ordem jurídica, que a reconhece, precisamente, como fonte de direito subordinada e dependente"[218] para que se a encare "como pressuposto e causa geradora de relações jurídicas já disciplinadas, em abstracto e em geral, pelas normas dessa ordem jurídica".[219]

Nesse segundo sentido, desprendendo-se da vontade como ponto central da figura do negócio jurídico, tomada como pressuposto para o reconhecimento da juridicidade e não como fonte da juridicidade, fatalmente haveria de se mudar o papel atribuído à causa.

Se esta, genericamente, era a justificativa do reconhecimento do caráter vinculante de certa obrigação, não mais se a poderia vislumbrar como o fim (*but, scopo*) das partes, sob pena de manter-se uma situação contraditória. Daí a que se tenha estruturado uma teoria da causa objetiva, entendendo a fonte da juridicidade como o atendimento a uma função econômico-social do negócio, parece ser um passo lógico.

---

[216] PELLICANÒ, Aldo. *Causa del Contratto e Circolazione dei Beni*. Milão: A. Giuffrè Editore, 1981. Atesta o mesmo ponto de vista liberal nas teorias de G. Stolfi e de E. Betti: "Ma come in Betti così in Stolfi il privato e l'individuo sono grandezze che vivono tendenzialmente di vitta autonoma: entrambi in posizione extrastatuale e, preferibilmente, fuori di ogni controllo che possa limitarne la libertà d'iniziativa" (p. 96). Antes, porém, distanciara as duas posições afirmando que as doutrinas diferenciam-se entre "chi ha 'capito' il senso della rottura istituzionale operata tra sperienza giuridica del fascismo, tentando su questa strada una ricomposizione tra vecchio e nuovo; e chi, al contrario non ha 'capito' e offre un quadro del sistema contrattuale insensibile al corso della storia e delle istituzioni giuridiche" (p. 95).

[217] *Teoria del Negocio Jurídico*. Madri: Editorial Revista de Derecho Privado, 1959, p. XXI e XXIV.

[218] *Teoria Geral do Negócio Jurídico*. Coimbra: Coimbra Editora, 1969, t. 1, p. 97.

[219] Idem, p. 98.

4. A teoria de Emilio Betti

Para E. Betti, a causa deveria ser entendida como a função social desempenhada pelo negócio e que é reconhecida pelo direito como sendo relevante. Isto permite a juridicização da declaração de vontade das partes pois ela deixa de ser qualquer vontade, "vuota e incolore espressione del capriccio individuale".[220]

A declaração de vontade traduz, aqui, "uma atitude subjetiva, consistindo em a vontade individual se orientar, como se fosse seu escopo, para função típica do negócio, movida por um interesse na sua realização no caso concreto".[221]

Destas passagens ressaltam dois fatores que merecem destaque. O primeiro é o reconhecimento de que há aspectos subjetivos por trás do negócio jurídico e que este elemento não pode ser ignorado. A vontade, tratando-se de reconhecer a autonomia privada, exerce papel relevante, conectando um "momento objetivo" (a função reconhecida no tipo) com um "momento subjetivo" (propulsor do ato e que se presume voltado à função).[222]

Sem a admissão deste segundo ponto, a teoria deixaria sem explicação a noção de defeito no negócio por ausência de causa ou por falsa causa (o que se mantém presente nos dispositivos do Código Civil Italiano).[223] O elemento subjetivo, portanto, traduz-se na finalidade que se quer alcançar com o negócio e que se presume seja a mesma tipificada na norma. Uma eventual divergência entre fim e função pode gerar o vício da nulidade por ausência ou ilicitude da causa.[224]

A rigor, deve-se concordar com L. Ferrigno quando afirma que a posição de E. Betti é intermediária entre uma noção absolutamente

---

[220] Causa del negozio giuridico, verbete do *Novissimo Digesto Italiano*. Turim: UTET, 1964, v. 3, p. 32.

[221] *Teoria geral...* , op. cit., p. 358.

[222] Idem, p 340: "Na verdade, ao passo que o interesse individual na conclusão do negócio, visa, naturalmente, um escopo de caracter variável e contingente, que não é, por si, suficiente para justificar a tutela jurídica do negócio, inversamente, o interesse social por essa tutela, tal como se deduz da função económico-social da autonomia privada, reflectida no tipo de negócio abstractamente considerado, não basta para explicar a efectiva celebração do negócio no caso singular, sem um interesse concreto que a determine em cada caso".

[223] Os artigos 1343, 1344 e 1345, respectivamente, tratam da causa ilícita, do contrato em fraude à lei e do motivo ilícito. Não há disposição expressa sobre a falsa causa ou a ausência de causa. O tema é tratado na doutrina e na jurisprudência, fazendo abordagem didática sobre ele SACCO, Rodolfo; DE NOVA, Giorgio. *Il Contratto*. Turim: UTET, 1993, t. 1, capítulo 6.

[224] *Teoria Geral...*, op. cit., p. 370: "se no caso concreto se revela insubsistente, inatingível ou ilícita, pelo escopo a que se destina, a função típica do negócio, que constitui a ratio iuris da tutela jurídica, acaba por faltar essa mesma tutela e há lugar, pelo contrário, a um tratamento efectivamente diverso".

subjetiva e outra absolutamente objetiva, pois "adottando una concezione oggettiva della causa, non rinnega la rilevanza dell'elemento psicologico".[225]

O segundo aspecto relevante está na relação entre causa e tipo. Segundo o pensamento do autor, "em qualquer negócio, analisado no seu conteúdo, pode distinguir-se, logicamente, um regulamento de interesses nas relações privadas e, concretizada nele (...) uma razão prática típica que lhe é imanente, uma 'causa', um interesse social objectivo e socialmente verificável a que ele deve corresponder".[226] Daí que o ordenamento jurídico, partindo deste "interesse social objetivo", estabeleça tipos negociais que, ao mesmo tempo em que são um reconhecimento da autonomia das partes, funcionem como critério de controle da juridicidade. Estabelece-se uma relação dialética entre a vontade (dirigida ao fim típico) e o ordenamento (que reconhece a tipicidade de certos regulamentos de interesse).

O estabelecimento de tipos negociais desempenha uma prévia, geral e abstrata apreciação de interesses, social e economicamente, úteis. Quando as partes interessadas, no uso do instrumento da autonomia privada representado pelo negócio jurídico, declaram a vontade, fazem-no tendo em mira os fins típicos, permitindo entender-se que a razão jurídica, a causa de sua vinculação reside em quererem o fim tipificado.

Esta teoria permite, além de um controle do ordenamento sobre a autonomia, uma classificação dos vários negócios jurídicos, aproximando-os dos, e enquadrando-os, nos tipos legalmente estabelecidos. A causa do negócio passa a ser, consequentemente, a mesma função que o ordenamento atribui aquele tipo negocial.[227]

Assim posto, poderia surgir um outro problema: se na formação dos vínculos obrigacionais surgisse um interesse não definido, prévia e tipicamente, pelo ordenamento? A solução é encontrada em um conceito mais amplo de tipicidade que não é só a tipicidade legal, mas também a tipicidade social. Do contrário, estar-se-ia invalidando o papel da própria autonomia da vontade e se reduziria a ideia de negócio

---

[225] *L'uso...*, artigo citado, p. 128.

[226] *Teoria geral...*, op. cit., p. 334.

[227] Neste sentido, a teoria da causa função pode ter enorme utilidade como critério de classificação dos contratos, importando em saber-se qual o regramento cabível para cada tipo contratual ou ajudando na interpretação do mesmo. Por outro lado, serve para que possam ser resolvidos sérios problemas envolvendo os contratos mistos, bem como os negócios jurídicos indiretos. Maria Celina Bodin de Moraes Tepedino, no artigo citado, faz excelente aplicação prática da teoria para examinar o contrato de mútuo.

típico à de um regime de tipicidade negocial,[228] tal qual o regime do direito romano. A função desta tipicidade social é ainda a mesma da tipicidade legal posto que seja mais abrangente.[229]

É nítida a contraposição com a doutrina subjetiva da causa, principalmente porque parte do eixo que desloca o papel da vontade nos negócios jurídicos, compreendendo-a como um pressuposto da *fattispecie* negocial, como um elemento integrante da própria estrutura do negócio causal.

Apesar desta diferenciação, não se pode deixar de notar, com olhos postos no que se sustenta no presente trabalho, que ainda assim a causa funciona como um elemento de reconhecimento da juridicidade de certos atos e, neste ponto, conecta-se com o papel que, desde o direito romano, ela desempenha. Não se pode negar, é verdade, que num sistema subjetivo (como o do direito francês) perde-se a causa como núcleo ou critério deste reconhecimento. Nada obstante, ainda que obnubilado este sentido no que tange à formação do ato, ele se mantém inerente ao longo da relação contratual.[230] A posição supraexposta pela doutrina de E. Betti é, sem dúvida, a acolhida no vigente Código Civil Italiano. Um exame da exposição de motivos do Código, expressa na *Relazione al codice civile*, mostra que isto estava na base "solidarista" reclamada pelo regime fascista da época. Dita *Relazione* define a causa como "la funzione economico-sociale che il diritto riconosce rilevante ai suoi fini e che sola giustifica la tutela dell'autonomia privata", explicitando, ainda, que "l'ordine giuridico non appresta protezione al mero capriccio individuale, ma a funzioni utili che abbiano una rilevanza sociale, e, come tali, meritino di essere tutelate dal diritto".[231]

Não somente a ideia da função social foi acolhida, mas a da tipicidade social também, quando, no art. 1.322, se afirma que a autonomia contratual permite a definição de contratos dentro dos conteúdos pos-

---

[228] A. PELLICANÒ. *Causa del Contratto...*, op. cit., p. 110: "quando se parla di 'contratto tipico' si vuol dire 'contratto che rientra in una figura che ha una disciplina legale particolare'; quando si parla di 'regime della tipicità dei contratti' ci si riferisce ad un regime in cui l'accordo non produce effeto se non rientra nelle figure specialmente ammesse dall'ordinamento...".

[229] E. BETTI. *Teoria Geral...*, op. cit., p. 373-374: "Então, para o lugar da rígida tipicidade legislativa, baseada num número limitado de denominações, entra uma outra tipicidade, que desempenha também sempre a função de limitar e orientar a autonomia privada, mas que, em comparação com aquela, é muito mais elástica na configuração dos tipos, e, na medida em que se realiza, remetendo para as valorações económicas ou éticas da consciência social, poderia chamar-se-lhe tipicidade social".

[230] Como se tentou demonstrar no capítulo anterior, nos números 11 a 15.

[231] *Apud* A. GUARNERI. Meritevolezza dell'interesse e utilità sociale del contratto. *Rivista di Diritto Civile*, 1994, parte 1, p. 801.

tos pela lei (n° 1) ou, ainda, contratar fora dos esquemas típicos, desde que se busquem interesses merecedores da tutela jurídica (n° 2).[232]

Apesar do endereçamento legislativo ser muito claro e explícito no que tange à adoção da teoria da causa como função econômico-social do negócio, a doutrina não é uniforme quanto à correção da escolha. Surgem várias vozes que discordam e apontam equívocos nas ideias objetivas até aqui expostas.

5. As críticas à teoria adotada pelo Codice

Alguns, como Renato Sconamiglio, por exemplo, sustentam que a íntima ligação feita entre causa-tipo-função, entendendo-se que esta estrutura é parte do preceito negocial, acaba por tornar inaplicável a noção de causa ilícita ou de ausência de causa. Diz o autor: "se la causa è la funzione economico-sociale di un tipo (di negozio) riconosciuto dal diritto, la sua mancanza non può che coincidere con quella del negozio stesso; o, detto altrimenti, neppure può concepirsi che un negozio di quel tipo sia mancante di causa".[233]

Estas críticas propugnam uma distinção entre causa e tipo, para divisar duas funções próprias para cada uma das figuras. O tipo teria muito mais uma função estrutural (e, portanto, externa ao contrato) do que a causa. Esta se ligaria ao interesse próprio das partes (e, portanto, interna ao contrato) e seria mensurada conforme o mérito deste interesse. Um dos maiores defensores desta concepção foi G. B. Ferri. Para este autor, a autonomia privada, apesar de poder ter vínculos e repercussões econômicas e sociais, está posta à disposição de interesses privados. Isto não afasta os limites que possam ser estabelecidos pela lei, mas poder-se-ia dizer que estes limites são de caráter negativo, na medida em que impedem (=negam) um uso sem controle da autonomia. Não haveria, porém, um limite positivo, que criasse obrigações positivas e, portanto, funcionalizadas, no sentido de um fim a ser alcançado.[234]

---

[232] "1322. Autonomia contrattuale. – [1] Le parti possono liberamente determinare il contenuto del contratto nei limiti imposti dalla legge .... [2] Le parti possono anche concludere contratti che non appartengano ai tipi aventi una disciplina particolare, purchè siano diretti a realizzare interessi meritevoli di tutela secondo l'ordinamento giuridico".

[233] *Commentario del Codice Civile – Dei Contratti in Generale (Disposizioni Preliminari – Dei Requisiti del Contratto).* Roma: Società Editrice del Foro Italiano, 1970, p. 306.

[234] G. B. FERRI. *Causa e Tipo nella Teoria del Negozio Giuridico.* Milão: A. Giuffrè Editore, 1966, p. 178: "Certo i limiti posti all'autonomia privata, come ogni limite che deriva dall'ordinamento giuridico, rispondono a criteri economico-sociali. Ma questo non nel senso che il privato attraverso i suoi atti si debba far portatore di fini ed interessi generali; bensì nel senso che i limiti

A tipicidade representaria, tão somente, um indício do mérito do interesse, a ponto de ser reconhecido pelo direito, mas, agrega o autor, "una funzione economico-tipica può addirittura mancare, sia perchè un tipo sociale non si è ancora formato, sia perchè l'interesse, pur meritevoli di tutela, è un interesse de tutto particolare e contingente".[235]

Cria-se um contraponto entre o interesse individual, de um lado, e o reconhecimento típico (ainda que socialmente típico), do outro. A causa, ligada à ideia de merecimento de proteção jurídica, residiria, então, em uma função econômico-individual do interessado, ainda que movida por um fim objetivo (tanto que funcionalizado pela ideia de valor econômico).

Já o tipo desempenha outra atividade. O que é significativo é que a redução a um determinado tipo (seja legal ou social) instrumentaliza um reconhecimento do negócio travado. Após este reconhecimento, permite-se uma "valoração sobre o próprio valor" do reconhecimento. A ideia permite, como consequência prática, uma aplicação do art. 1322, 2, do Código Civil italiano também para os negócios típicos (o que já era admitido por E. Betti). Estabelece-se uma equação não equilibrada: "se da un lato, una regolamentazione di interessi per essere valutabile in termini di meritevolezza deve avere una sua rilevanza per l'ordinamento giuridico, dall'altro, una volta constatane la rilevanza, non si è risolto il problema della meritevolezza".[236]

Disto resulta que a tipicidade se relaciona ao momento "organizzativo degli interessi privati", enquanto a causa, no sentido de verificação do mérito, relaciona-se ao momento da sua valoração.[237] Daí afirmar que a função que o contrato desempenho se expressa na "tensione della volontà verso un bene".[238]

A teoria atribui maior valor à questão volitiva, inegavelmente presente no negócio,[239] sem, entretanto, repristinar a versão subjetiva tradicional.

Na mesma linha é o posicionamento de Rodolfo Sacco, que critica a identificação entre causa e tipo, dizendo que se supor que todo contrato típico tenha uma causa, e uma causa lícita, pode conduzir a

---

particolari indicano quale sia la misura in cui un interesse privato può trovare tutela in un sistema ordinatore".

[235] Idem, p. 252.

[236] *Ancora in...*, artigo citado, p. 7.

[237] Idem, p. 13.

[238] *Causa e Tipo...*, op. cit., p. 370.

[239] O próprio Betti admitia ser ineficaz ter-se uma visão unilateral, devendo conjugar-se os dois momentos (*Teoria Geral...*, op. cit., p. 358, cujo conteúdo já foi transcrito acima).

situações absurdas. Cita como exemplo a venda de drogas: "se vendo droga, il contratto dovrebbe aver causa lecita, perché è una compravendita, e assolve alla funzione di scambiare merce contro prezzo, funzione espressamente approvata dal legislatore con l'art. 1470".[240]

Ao invés da função, propõe que a causa seja compreendida como a razão justificativa do contrato. Esta ele vai encontrar na ideia de interesse: "la causa è l'interesse di colui che assume su di sé un sacrificio. La promessa si giustifica per un interesse del promittente".[241]

Mais uma vez, vê-se uma valoração de elemento subjetivo, elemento do qual a jurisprudência se vale, como afirma L. Ferrigno quando se depara com situação de causa ilícita.[242]

A exposição feita até aqui demonstra que a doutrina italiana passou por uma evolução que vai desde uma visão subjetiva tradicional (altamente influenciada pelo "dogma da vontade"), passa por um rompimento traduzido pela configuração da doutrina objetiva da causa (que ainda hoje desfruta de grande prestígio, tanto na jurisprudência, quanto na doutrina majoritária), até deparar-se com alguns pontos relevantes nos quais se vislumbra uma valorização de elementos subjetivos. Esses não estão mais ligados a motivações íntimas ou psíquicas, ou, ainda, a um querer absoluto, mas por uma finalidade própria e concreta de cada relação contratual. Por este viés, tenta-se valorizar o contrato como um ato que, nascendo da iniciativa das partes interessadas, é juridicamente reconhecido pelo ordenamento.

6. A retomada da pressuposição (a tese de Mario Bessone)

A inserção desta noção de fim, de interesse, de razão jurídica que se relaciona com os sujeitos envolvidos é o mesmo caminho seguido por posições doutrinárias e jurisprudenciais que admitem a figura da pressuposição como fator relevante para o contrato.

A pressuposição está, historicamente, ligada à teoria de Windscheid. Ele sustentava estar presente, em todo negócio, uma situação fática (passada, presente ou futura) que, aceita ou conhecida (ou, ainda, cognoscível pela outra parte), passava a ser parte integrante da manifestação de vontade. Não ocorrendo dita situação, falhava o

---

[240] *Trattato di Diritto Privato – Obbligazioni e Contratti*. Turim: UTET, 1991, t. 2, p. 322.

[241] Idem, p. 324.

[242] *L'uso...*, artigo citado, p. 144: "la giurisprudenza (...) continua, per risolvere i problemi di illiceità della causa, a riferirsi allo scopo delle parti, ammettendo, implicitamente, la rilevanza, ancora una volta, dell'elemento psicologico".

pressuposto sobre o qual se construíra o negócio, autorizando o seu desfazimento. Tratava-se de verdadeira condição não desenvolvida, porém, pressuposta.[243] A teoria enfrentou muitas críticas e não foi acolhida pelo BGB.

De algum tempo, porém, a doutrina e a jurisprudência italianas têm recorrido e aceito a noção de pressuposição. Franco Carresi cita várias decisões das quais extrai o conceito que judicialmente foi se formando na Itália.[244] E este novo enfoque tem sido feito pela ótica da teoria da causa. Afirma L . Ferrigno que "la figura della presuposizione, sebbene nata dal fiorire degli studi sulla volontà quale elemento caratterizzante il negozio giuridico, va invece riguardata – alla luce della dottrina più recente – sotto l'angolo visuale della causa del contratto, rappresentando essa un presupposto oggettivo della funzione economico-sociale dell'atto di autonomia privata, il venir meno del quale rende non più giustificato lo scambio tra le prestazioni contrattuali".[245]

O que se considera, agora, é o fato de que a coincidência entre causa e função econômica deixa de lado uma série de interesses individuais, fruto do exercício da autonomia privada e que, sem serem reprováveis, não estão açambarcados na definição típica daquele contrato. Assim, acaba-se tendo uma área não reconhecida, mas que carece de razão para não obter dito reconhecimento, produzindo efeitos na relação contratual.

Algumas decisões apontam justamente para o ponto e acabam por aceitar uma figura "nova", intermediária aos motivos (cuja irrelevância todos são uníssonos em admitir) e a causa objetiva. Em uma decisão de 1958, a Corte de Cassação, após utilizar-se do conceito tradicional de causa como função, diz que "non può tuttavia negarsi (…)

---

[243] BESSONE, Mário. *Adempimento e rischio contrattuale*. Milão: A. Giuffrè Editore, 1969, p. 61: "Windscheid svolge argomenti secondo i quali una supposizione relativa a circonstanze influenti sul contratto che abbia giocato un ruolo determinante nella decisione di concludere l'affare va intesa come una limitazione della volontà dichiarata: limitazione inespressa e tuttavia giuridicamente rilevante, da collocarsi nel quadro di condizione e modus come una autentica 'condizione non sviluppata': ove le circostanze dedotte a Voraussetzung (cioè in 'presuposizione') dovessero mancare, una azione o una eccezione avrebbero volta a volta ragione di precludere gli effetti del contratto, perchè si potrebbe ben dire cha la volontà dichiarata non è o non esaurisce la volontà reale del soggetto".

[244] *Trattato di Dirito Civile e Commerciale – Il Contratto*. Milão: A. Giuffrè Editore, 1987, v. 21, t. 1, p. 277: "si ha presuposizione quando una situazione di fatto o anche di diritto dalla quale non dipenda la stessa validità del contratto (...) e che sia obiettiva e comune ad entrambe le parti, oltreché desumibile dal contesto del contratto attraverso l'integrale ricostruzione della volontà delle parti al di là dell'esame del testo, costituisce il presupposto della formazione dell'assetto d'interessi fra esse concordato".

[245] *L'uso...*, artigo citado, p. 148. No mesmo sentido, A. GUARNERI. *Merittevolezza....*, artigo citado, p. 808.

che altro motivo non avente carattere di immediatezza possa prevalere (...) agli effetti della identificazione della *causa reale* del contratto".[246]

Surge então a indagação mais profunda: o que é esta *causa reale del contratto*? Em que consiste este elemento justificador da vinculação obrigacional que não é um motivo, mas também não é a definição legal típica? É para isto que a noção de pressuposição vale, na ótica de M. Bessone, cuja linha de raciocínio se vem expondo. Para este autor, em um sistema que aceita a causa como função econômico-social do negócio, não se pode admitir a intromissão de uma figura como aquela.

Como, porém, inegavelmente haveria esta área sem cobertura pela definição da maioria da doutrina, faz-se mister entender a causa como algo distinto da função econômico-social (daí a crítica à teoria da causa objetiva). Por outro lado, inegável que se deve considerar um dos princípios, basilar do direito contratual, verdadeiro dogma, consistente na irrelevância dos motivos. Isto porque, segundo a posição tradicional, atentaria contra a segurança e a estabilidade do tráfego comercial.

Assim, o autor conduz o pensamento para a descoberta de quais seriam os interesses que, não inseridos na definição típica de causa para aquele contrato, e não sendo meros motivos, assumem relevância suficiente para se integrarem no conceito de pressuposição, permitindo encontrar-se a *causa reale del contratto*.

Para tanto, estabelece uma premissa: "In realtà, ogni contratto serve a realizzare interessi solidali con il programma economico complessivo dei contraenti. E la decisione che muove alla proposta e all'accettazione consiste in un calcolo sulle probabilità di profitto che si compendia in un confronto tra il valore attibuito agli interessi che il contratto può soddisfare e la previsione dei costi ai quali si va incontro per vedere realizzati quegli interessi".[247]

Um lado, portanto, está no interesse que se traduz na possibilidade de proveito, de utilidade, de vantagem, de lucro que as partes projetam. O outro lado está representado pelo fato de quem tem esse interesse se dispor a arcar com o custo necessário para obtê-lo. "Infatti, nell'accertare il margine di utile dell'affare, ciascuna delle parti non può trascurare di considerare che il volume e l'esistenza stessa di un profitto dipendono dall'entità dei costi da segnare al passivo come controprestazione".[248] E aduz: "un contratto non è altro che l'insieme

---

[246] *Apud* M. BESSONE. *Adempimento...*, op. cit., p. 214-215 (grifo original).

[247] Idem, p. 270.

[248] Idem, p. 271.

di questo reciproco accollo di rischi ed obblighi, l'equilibrio di essi ed una correlativa distribuzione dei costi".[249]

Há uma tentativa de liberar da pressuposição tudo aquilo que, prendendo-se ao interesse, não possa ser suscetível de uma avaliação objetiva. A objetividade decorre da noção de benefício e custo, segundo a qual, se um determinado benefício é pressuposto, havendo para tanto a assunção do custo, a parte insere na "economia do negócio" a pressuposição. Com isto, fica afastado o risco de, não se mantendo ou não sobrevindo o que se pressupôs, ver-se impedida de alegar tal fato.

Não se pode, entretanto, inserir no negócio pressuposição não assumida pelas partes. O critério de assunção é a absorção do custo que garante o benefício, ou seja, uma relação (tal qual se vem denominando neste trabalho, sinalagmática).[250]

Se não surgiu a relação de correspectividade entre a utilidade pressuposta e o custo da mesma, então a pressuposição permanece no campo dos motivos, acobertada pela sua irrelevância.

O autor admite a vigência do princípio da irrelevância dos motivos e justifica tal princípio dentro da ótica da correspectividade. O que justificaria que certos motivos permanecessem fora do campo das cogitações legais não é uma garantia à segurança, à estabilidade ou mesmo à boa-fé nas relações (como normalmente se justifica o princípio). Trata-se muito mais de resguardar um equilíbrio entre as prestações,[251] com isto assegurando uma reciprocidade, uma sinalagmaticidade entre as prestações, eis que uma só foi prometida ou executada "por causa" da pressuposição. Já a outra parte aceita a pressuposição "por causa" da vantagem que percebeu (o custo assumido pelo que se beneficiava da pressuposição).

7. Continuação (a posição de Aldo Pellicanó)

A posição de M. Bessone representa uma modificação sensível na doutrina da causa tal qual posta no Código Civil de 1942 e como esboçada pela teoria objetiva da causa.

---

[249] M. BESSONE. *Adempimento...*, op. cit., p. 273.

[250] Idem, p. 275: "...sarebbe iniquo attribuire rilevanza ad interessi di una parte dei quali questa non ha affrontato il costo e – correlativamente – accollare all'altra rischi e obblighi che essa non si era assunti, non avendone ricevuto il corrispettivo".

[251] Idem, p. 276: "...la ragione giustificativa del dogma dell'irrilevanza dei motivi sta in una precisa esigenza di giustizia sostanziale e di salvaguardia dell'equilibrio degli interessi in gioco più che nella necessità di non pregiudicare la sicurezza del traffico e l'affidamento altrui".

A mesma função é atribuída à causa por Marco Cassottana, para quem a tendência jurisprudencial indica, por utilização de figuras como a pressuposição, a formação de um conceito de causa no qual ela "assolve ad un ruolo di valutazione degli interessi (leciti) della parti, in funzione di un unico 'valore': il mantenimiento di un certo equilibrio sinallagmatico".[252]

A. Pellicanò assume esta identidade entre causa e correspectividade onerosa.[253] A tal ponto vai o autor que sustenta que o sistema adotado "decausalizza il contratto di donazione",[254] ao substituir o valor da correspectividade pela forma como elemento suficiente para a sua obrigatoriedade (se a causa é sinônimo de correspectividade, isto não poderia acontecer na doação; para esta, o reconhecimento da juridicidade adviria só da forma).[255] Para ele, "la disciplina contrattuale è essenzialmente disciplina della causa del contratto, non si riconosce e, in ultima analisi, riconosce se non come onerosità corrispettiva, e là dove questa manchi si identifica nella pura forma".[256]

Com isto, também põe o foco central na correspectividade que permite uma objetivação do requisito, sem, contudo, engessá-la na ideia de função econômico-social. O autor alcança nesta o objetivo propugnando por uma leitura conjunta de causa e pressuposição.

Segundo ele, a jurisprudência faz isto, porém sem traçar, nitidamente, o paralelo: "La giurisprudenza, infatti, ha optato per la soluzione logica del problema 'presupposizione', rivelando così una forte insensibilità storica. Non è apparso chiaro, cioè, che lo sviluppo della figura in esame è stato parallelo al crescere di un'altra categoria: la causa. Da ciò l'esigenza di collegare la presupposizione a quest'ultima. (...) La causa cesserà di svolgere una funzione-limite di clausola generale, rispetto all'autonomia dei privati: essa cioè, unitamente alla presupposizione, sarà elemento di integrazione di ogni atto di scambio che sarà arricchito nel suo oggetto di un ulteriore elemento: la destinazione del bene oggetto dello scambio".[257]

---

[252] Causa ed "economia" del contratto: tendenza dottrinale e modelli di sentenza. *Rivista Trimestrale di Diritto e Procedura Civile*, 1979-2, p. 832.

[253] *Causa del Contratto...*, op. cit., p. 24.

[254] Idem, ibidem.

[255] A mesma linha é seguida por G. GORLA. *El contrato...*, op. cit., em especial §§10 e 11.

[256] *Causa del Contratto...*, op. cit., p. 28.

[257] La presupposizione. *Rivista Trimestrale di Diritto e Procedura Civile*, 1976-3, p. 1655.

8. A ligação com a causa sinalagmática (resumo do capítulo)

De tudo quanto ficou dito neste capítulo, pode-se ver que a adoção da causa como função social, ao passo que representou uma forma de oposição ao dogma da vontade, foi desenvolvida em um ambiente social e político propicio a um controle mais direto da relação nascida da autonomia privada. De qualquer sorte, a preocupação que lhe parecia latente residia no afastamento dos subjetivismos a que a teoria clássica da causa conduzia sob a égide do Código Civil de 1865 (fortemente influenciado pelo Código Civil Francês).

Tal qual estruturada, a causa acabava por, necessariamente, ligar-se à noção de tipo contratual, na medida em que este descreveria o conteúdo negocial voltado a um fim (portanto com um fim típico), sendo a opção por tal negócio a razão justificativa da sua juridicidade. Assim, o tipo traduzia a causa na mesma medida em que esta se expressava na adoção do negócio típico.

Para escapar da redução a um regime contratual tipificado (no qual só o que estivesse tipificado poderia ser aceito como vinculante) admite-se que a tipificação não é puramente legal, mas também social.

Isto acaba por conduzir à necessidade de se definir um critério pelo qual se considere merecedor de reconhecimento certo contrato não tipificado legalmente. A noção de tipo social serviria a este fim. O que a teoria do tipo não esclarece é como se vai definir esta conduta socialmente típica. Qual o interesse que merece a tutela, a tal ponto de se reconhecer como estruturado tipicamente?

Para responder a este ponto, até mesmo autores que se postaram na linha de frente da teoria objetiva do tipo não conseguiram livrar-se de referências a certo grau de participação da vontade das partes envolvidas.[258]

Neste ponto assume relevo no próprio direito italiano, mormente nas definições judiciárias, a ideia de que é necessário reconhecer alguns outros interesses merecedores de tutela (logo, ao abrigo da regra do art. 1322, 2, do *Codice*) que poderiam repercutir na esfera contratual, seja criando situações vinculativas, seja minorando-as (papel que a pressuposição vem assumindo).

Nessa linha, noções que procuram objetivar a teoria da causa (com isto distinguindo-a dos motivos) e que, igualmente, alargam o seu conceito para abranger aqueles fatos pressupostos, ainda que não

---

[258] Vide a passagem de E. Betti citada na nota de rodapé nº 222 supra.

desenvolvidos, acabam por desembocar na ideia de correspectividade. O caráter sinalagmático de determinadas condutas negociais justificaria que, mesmo ausente manifestação volitiva expressa sobre elas, as partes restassem vinculadas.

A pressuposição assemelha-se à noção de causa como definida por H. Capitant, prestando-se a algumas analogias. Há diferença básica, porém, que impõe a separação das duas doutrinas. Ocorre que a pressuposição é algo que não se desenvolveu no sentido de ser assumida pelas partes. Já o fim é o que se expressa no consentimento. Em um primeiro exame, isto poderia conduzir a ver-se mais subjetividade, ou pelo menos, mais insegurança na doutrina da pressuposição (não por outro motivo as críticas que lhe foram dirigidas quando da sua formulação inicial por Windscheid).

O enfoque que supera esta subjetividade e esta insegurança é, na linha de M. Bessone, a relação objetiva, estruturada no contrato pelo binômio "custo-benefício" que não é outra coisa que a sinalagmaticidade das obrigações assumidas. Daí a clara relação com o tema deste trabalho.

Uma visão como esta, se extrapolada para o campo das relações paracontratuais, coincide com a ideia de causa sinalagmática que se vem tentando esboçar no presente trabalho.

Capítulo VI

A causa sinalagmática como fundamento das relações paracontratuais

1. A permanência da causa como critério da obrigatoriedade de certas condutas

Nos capítulos anteriores deste trabalho, tentou-se mostrar que nas relações obrigacionais estabeleceu-se um quadro evolutivo que desembocou em um duplo parâmetro: ou bem há um ato ilícito, que atrai a incidência de uma norma geradora de obrigação, ou bem há uma manifestação de vontade (entendida em sentido amplo), da qual também surgem vínculos de natureza obrigacional. Para que um determinado comportamento humano possa se enquadrar em alguma dessas duas modalidades é necessário que se preencham algumas condições. Prendendo a análise ao caso das relações contratuais (que mais se aproximam do objeto das indagações desta tese), vê-se que o dilema está em saber quais são ditas condições.

Gino Gorla, em sua excelente obra sobre o contrato (já citada várias vezes), expõe o problema da seguinte forma: "En ausencia de la forma (vivamente sentida como fuente de obligaciones por sí misma, en virtud de la confianza que suscita y de la seguridad y certeza de las relaciones jurídicas que lleva aparejada) se siente a veces la necesidad de encontrar una razón que justifique la obligación, es decir que justifique la condena del promitente, independientemente del simple hecho de la promesa. Y se encuentra esta razón en el sacrifício que el destinatario de la promesa ha tenido que hacer para obtener-la o en el hecho de que haya tenido que dar o hacer algo a cambio".[259]

A esse "sacrifício" vem se chamando, ao longo da história, de causa. De tal sorte, poder-se-ia resumir a assertiva acima: trata-se da

---

[259] *El contrato...*, op. cit., v. 1, p. 21.

causa – entendida como razão justificadora da obrigatoriedade de certas circunstâncias – substituindo a forma.

Em um sistema formal rígido, como o do direito romano, a substituição, ou a sua necessidade, aflora mais vivamente, pois o esquema rígido de reconhecimento jurídico deixa uma larga margem para questões dúbias ou, simplesmente, desprovidas de fundamentação.

A solução encontrada, com a evolução que se traçou, deu-se pelo reconhecimento da vontade como sendo o elemento substitutivo bastante. O consentimento, em um sistema regido pela autonomia da vontade ou privada, é suficiente para "vestir" todos os pactos que outrora se denominavam *nuda pacta*.

Nada obstante esta evolução, mesmo códigos altamente comprometidos com o dogma da vontade (tomando-se como paradigma o código napoleônico) acabam por inserir, no contexto estrutural do contrato, um elemento a mais em relação ao simples consentimento.[260]

Isto parece criar uma contradição entre a supremacia do consenso e a técnica contratual. A transição, tributária das doutrinas do jusnaturalismo seiscentista, acaba por colocar o contrato como uma categoria geral (ao lado do delito). Ainda que no direito medieval a simples palavra dada, entendida juridicamente como promessa, já assumisse um papel generalizante, havia um fundamento material que a prendia à realidade negocial subjacente e que se traduzia na expressão *justa causa*.[261]

A transição que ora se refere foi assim registrada por Alessandro Somma: "Si profila in questo modo la transizione dal principio della giustizia contrattuale, affermato ricorrendo alle teorie aristoteliche sul carattere sinalagmatico dello scambio, al principio dell'autonomia contrattuale, del quale abbiamo in apertura sottolineato i legami con l'approcio formalista alla materia negoziale".[262]

A posição hegemônica acerca do caráter suficiente do consenso, entretanto, sempre encontrou opositores. G. Gorla sustenta, na obra citada, que os autores que propugnam o purismo da máxima *solus consensus obligat* esqueceram que o antigo sistema de pactos foi substituído por um novo sistema e que "en este nuevo sistema, lentamente desarrollado y de contornos frecuentemente imprecisos, el pacto tiene

---

[260] Como visto no capítulo IV.

[261] Como visto no capítulo II.

[262] *Autonomia Privata e Struttura del Consenso Contrattuale (Aspetti Storico-Comparativi di una Vicenda Concettuale)*. Milão: A. Giuffrè Editore, 2000, p. 38.

que estar vestido – por lo menos muy a menudo y en los casos más importantes – con una determinada forma o con una determinada *cause suffisante, raisonnable o juste*".[263]

Para o que se discute aqui, mais do que concordar ou discordar da tese de Gorla para os contratos, interessa ver que se pode apontar um liame reclamado pelo ordenamento para o reconhecimento da juridicidade e que, para muitos sistemas positivados, isto está para além da vontade.

A causa (em vários dos muitos sentidos que pode ser compreendida) acaba justamente por desempenhar este papel.[264] À medida que as circunstâncias econômicas vão se modificando – e altera-se a realidade socioeconômico-política em que se estruturaram os conceitos jurídicos consolidados pelas doutrinas partidárias deste conceito clássico de autonomia –, vai se aprofundando a inquietação com a suposta suficiência da vontade.

Mais do que isto, a polarização "contrato-delito" passa a se mostrar insuficiente para explicar várias situações, antes facilmente reconduzidas à opção entre contrato-delito. Neste sentido, a clara e precisa lição de Carlos Ferreira de Almeida: "As dificuldades dogmáticas aumentam à medida que aumenta a complexidade das relações sociais e a tendência para a sua crescente cobertura jurídica. Entre o contrato e o delito (re)abriu-se um amplo leque de possibilidades que se foram preenchendo com velhas e novas categorias decantadas no que se julgaram ser lacunas do sistema legal e que ocupariam tanto espaços tradicionalmente ocupados pelo negócio jurídico como outros que, pela sua novidade, não estavam ainda arreigadamente ligados a nenhuma qualificação".[265]

Aqui reside o foco central deste trabalho. Quer-se entender o que leva certas relações humanas a ensejarem consequências jurídicas ge-

---

[263] *El Contrato...*, op. cit., v. 1, p. 73 (grifos no original). Em mais de uma passagem insiste neste ponto que é central para a tese defendida, como na p. 100 onde afirma: "Las limitaciones al principio del nudo consentimiento, teniendo en cuenta además la jurisprudencia más liberal de ciertos países, como Francia, son de tal importancia que más que de dicho principio conviene hablar de *un nuevo sistema de pactos*" (grifos no original). Aliás, nas próprias conclusões do primeiro volume afirma: "el principio del nudo consentimiento, es decir de la confianza del promisario sobre la base de la pura y simple promesa del promitente (...), no hay sido acogido en el civil law. En lugar de este principio rige un sistema de pactos vestidos (...)" (p. 368).

[264] G. B. FERRI. *Causa e Tipo...*, op. cit., p. 73-74 diz: "La causa sta appunto ad esprimere la convergenza tra le due prospettive, quella individuale, propria dell'atto, e quella generale, propria dell'ordinamento, e si pone come momento determinante perchè la regola posta del privato con un suo atto di volontà possa conseguire efficacia giuridica, quella stessa efficacia cioè che è propria delle norme dell'ordinamento".

[265] *Texto e Enunciado na Teoria do Negócio Jurídico*. Coimbra:Almedina, 1992, v. 1, p. 25.

radoras de obrigações considerando-se que não derivam das fontes tradicionais.

2. As várias teorias explicativas das relações fáticas ensejadoras de obrigações

O fenômeno, como dito, não é novo e preocupa os autores, acabando por repercutir na jurisprudência. O plano deste capítulo é o de tentar verificar o elemento comum nas situações fáticas referidas para aplicar o raciocínio a hipóteses concretas.

Para alcançar-se esse objetivo, vão-se examinar algumas tentativas de explicação. A primeira busca deste sentido resultou nas chamadas teorias contratuais de fato. Reconhecidamente foi Günther Haupt[266] quem primeiro classificou um grupo de relações que, em comum, geravam as consequências contratuais, sem que houvesse um contrato (ou um contrato válido) no nascedouro da obrigação.

O citado autor subdividiu as espécies em três gêneros: (a) o primeiro seria aquele resultante de um contato social no qual não há uma declaração de vontade. Haveria uma recíproca influência de uma esfera jurídica na outra, de modo a gerar obrigações, ainda que não resultantes nem de ilícito nem de declaração volitiva. O exemplo seria a responsabilidade pré-contratual.

O segundo grupo (b) resulta de relações nas quais adentra o elemento confiança "...in virtù del quale l'una parte è legittimata a fare assegnamento sulla cooperazione promessa dall'altra".[267] A sociedade de fato e a relação de trabalho de fato seriam os exemplos mais comuns.

Já no terceiro grupo (c) estariam definidas as obrigações decorrentes de uma oferta pública ou de um serviço de interesse

---

[266] Sobre as diversas teorias ver, além do livro citado na nota anterior: E. BETTI, Sui cosidetti rapporti contrattuali di fatto. *JUS, Rivista di Scienze Giuridiche*, 1957, fascículo 3, p. 353 e segs. F. MESSINEO, verbete Contratto irregolare (di fatto) e ad effetto irregolare. *Enciclopedia del Diritto*, v. 10, p. 110 e segs. MENEZES CORDEIRO, Antonio. *Da Boa-fé no Direito Civil*. Coimbra: Almedina, 1984, v. 1, p. 555 e segs. SCALISI, Vicenzo. *Il Negozio Giuridico tra Scienza e Diritto Positivo*. Milão: A. Giuffrè Editore, 1998, p. 165 e segs. FRANCESCHELLI, Vicenzo. Premesse generali per uno studio dei rapporti di fatto. *Rassegna di Diritto Civile*, 1981, p. 666 e segs., STELLA RICHTER, Giorgio. Contributo allo studio dei rapporti di fatto nel diritto privato. *Rivista Trimestrale di Diritto e Procedura Civile*, 1970, primeira parte, p. 151 e segs. FLUME, Werner. *El Negocio Jurídico*. *Parte General del Derecho Civil*. 4. ed. Madri: Fundación Cultural del Notariado, 1992, t. 2, p. 129 e segs. Entre nós ver GOMES, Orlando. Distinção entre negócio jurídico e ato jurídico. *Transformações gerais do direito das obrigações*. 2. ed. São Paulo: RT, 1980, p. 49-67, e MARQUES, Cláudia Lima. *Contratos no código de defesa do consumidor*. 2. ed. São Paulo: RT, 1995, p. 80-81 e 214-223.

[267] E. BETTI. *Sui cosidetti...*, artigo citado, p. 356.

público, como o fornecimento de energia elétrica, água ou o transporte público.

A teoria encontrou fortes opositores, tanto pela nomenclatura, quanto pelo conteúdo. A denominação conteria uma contradição intrínseca, pois se as relações são contratuais não são fáticas e vice-versa. Já a explicação também seria desnecessária, pois haveria uma relação de cunho negocial, ainda que desprovida de declaração negocial formalizada. Segundo W. Flume, "en los casos normales, por tanto, la utilización de una prestación a disposición a cambio de una retribución es un acto consciente de configuración jurídica, un negocio jurídico, como la aceptación regular de una oferta. Como en el caso de aceptación regular de una oferta, la configuración jurídica se limita a 'sí' nace 'o no' la relación juridica ofrecida".[268]

Até mesmo aqueles que, como Karl Larenz, aceitaram as premissas de G. Haupt, acabaram por criticar-lhe a abrangência. Para K. Larenz, a noção só era relevante para as relações decorrentes do tráfego de massa, optando, então, por uma denominação que tangenciasse a contradição da nomenclatura adotada por G. Haupt.[269] Passou a chamá-las de comportamentos socialmente típicos. Eles formariam um terceiro gênero pois irredutíveis às regras de responsabilidade civil, bem como às do enriquecimento sem causa. Igualmente, chamá-los de negócio não passaria de uma ficção. Nada obstante isto, o autor acreditava que o esquema presente nos comportamentos socialmente típicos pudesse ser reduzido ao esquema de uma aceitação de proposta sem declaração.

Além da diferença no que tange à abrangência e à nomenclatura, os comportamentos socialmente típicos ainda divergiriam das relações contratuais de fato porque "in questa nuova dottrina il momento giuridicamente decisivo non è il 'Faktum' come tale, ma il significato socialmente tipico che è conesso al fatto, cioè al comportamento".[270]

De qualquer sorte, o importante papel desempenhado por G. Haupt reside tanto no fato de ter lançado luz sobre a insatisfatoriedade do esquema "ato ilícito-contrato" como abrangente de circuns-

---

[268] *El Negocio...*, op. cit., p. 134.

[269] LARENZ, Karl. *Derecho de Obligaciones*. Madri: Editorial Revista de Derecho Privado, s.d., t. 1, p. 61, onde se lê: "No es acconsejable extender a otros supuestos de los ya señalados la categoría de las obligaciones derivadas de conducta social típica, ya que entonces sería muy difícil la delimitación, y con ello habrían de considerarse justificadas las objeciones hechas por H. Lehmann contra la doctrina de Haupt. Ahora bien, limitándose a la aceptación tácita de una prestación de suministro accesible a todos (en determinadas circunstancias), esta categoría es imprescindible para explicar teóricamente, sin ficciones los fenómenos del tráfico actual".

[270] SCALISI, *Il Negozio...*, op. cit., nota de rodapé n° 276, na p. 184.

tâncias assemelhadas, porém não idênticas; quanto em ter dado uma explicação unitária para dois fenômenos: o contrato nulo e a relação de fato.[271]

Este último aspecto interessa para o presente trabalho na medida em que se quer comparar a realidade contratual e a realidade para-contratual. Efetivamente, em havendo uma nulidade no contrato, em muitas situações, mormente aquelas de trato sucessivo, surgem efeitos que se mantêm (no caso dos exemplos tradicionalmente citados do contrato de trabalho de fato e da sociedade de fato). A rigor, estando ausente a declaração de vontade, porque nula, dever-se-ia extrair a consequência do desfazimento. Porém, via de regra, não só em relação aos terceiros (para quem a explicação poderia estar na confiança gerada pela aparência), mas em relação às próprias partes, validam-se as obrigações. Em ambos os casos há uma certa similitude, seja pela ausência de declaração válida ou por ausência de qualquer declaração.

Teoria muito assemelhada à de K. Larenz é a defendida por Manigk, que sustenta a existência de declarações de vontade tipificadas pelas regras do tráfego. Aqui, a base fundamental da vinculação residiria em presumirem-se declarações consideradas como centro de "imputação negocial". Desde que essas declarações ocorressem de acordo com a boa-fé, gerando uma aparência, deveria ser protegida a expectativa legítima da outra parte.[272]

A crítica que se fez a tal posicionamento centrou-se em que era admitida uma declaração que não existia (que não era sequer tácita, mas fictícia). Ora, se não há uma declaração, a explicação não deveria ser outra? Ou seja, admitir-se que sem declaração pode surgir o vínculo? Na verdade a teoria tenta apenas transpor a estrutura tradicional para situações onde esta, precisamente, não existe. Como bem criticou W. Flume, "Cuando la ley emplea la ficción de una declaración de voluntad, lo que ocurre es que la ley toma una decisión porque no se ha adoptado una decisión jurídico negocial".[273]

---

[271] G. STELLA-RICHTER, *Contributo...*, artigo citado, p. 155: "...sifatta classificazione, (...) ha indubbiamente avuto il fondamentale merito di tentare l'individuazione, per alcuni casi particolari, di una ulteriore e più realistica fonte di obbligazioni al di fuori del tradizionale binomio contratto-atto illecito...".

[272] SCALISI, *Il Negozio...*, op. cit., p. 182: "...in questa nuova categoria (...) il comportamento impegna e vincola il suo autore per il significato che ad esso attribuiscono la vita di relazione e le regole del traffico sulla base dei principi di responsabilità e affidamento e senza che il privato abbia la possibilità di richiamarsi a un difetto di volontà o di consapevolezza, poichè al posto di queste subentrerebbe un onere di conoscenza, un dover sapere (Wissen-müssen) circa l'impressione e le legittime aspettative che il comportamento dell'agente era obiettivamente idoneo a suscitare".

[273] *El Negocio...*, op. cit., p. 153. Esta parece ser a opinião de AZEVEDO, Antônio Junqueira de. *Negócio jurídico e declaração...*, op. cit., nota de rodapé n° 27, na p. 47: "Não nos parece, nos casos

Não muito diversa é a posição daqueles que falam em um comportamento legalmente tipificado. Aqui, em vez de haver uma confiança surgida no tráfego, é o próprio ordenamento que presume a vontade. Novamente cabível a crítica supra transcrita de W. Flume.

Uma construção que faz renascer a nomenclatura "quase contrato" é proposta por Köndgen para quem, nas relações fáticas de que se trata, haveria uma *auto vinculação quase contratual*. Para esse autor, nas palavras de Carlos Ferreira de Almeida, "A autovinculação quase-contratual distinguir-se-ia da declaração negocial: objectivamente por ser menos nítida (em vez de um comportamento de uma pessoa bem situado no espaço e no tempo, o resultado de um conjunto comportamental em que cada acto tem, de per si, pequena importância, segundo o princípio dos pequenos passos); e, subjectivamente, por faltar uma vontade negocial dirigida a uma pessoa e a um objecto individualizados".[274]

Também aqui haveria a crítica à nomenclatura utilizada dada a ambiguidade do termo "quase contrato" que faria renascer uma figura pouco precisa.[275]

3. O recurso à confiança e à boa-fé

Todas estas teses, porém, vêm perdendo terreno na doutrina que se direciona mais para um reforço da teoria da confiança com base na boa-fé. Segundo A. Somma, isto teria o "... proposito di tutelare le aspettative ingenerate dal comportamento dei contraenti e quindi sulla scorta di descrizioni della struttura del consenso come scambio di promesse che producono affidamento".[276] Este entendimento, prossegue o mesmo autor, "ha dato vita ad un sistema di fattispecie non riconducibili all'intento delle parti ma neppure ad una previsione legislativa".[277]

---

expostos, convincente o recurso de apelar para 'declarações tácitas' ou 'condutas significativas', por parte do usuário, e a ofertas públicas permanentes por parte das empresas, para 'fechar' o contrato".

[274] *Texto e Enunciado...*, op. cit., p. 34.

[275] O termo "quase contrato", segundo E. BETTI. *Sui cosidetti...*, artigo citado, teria sofrido uma modificação no seu significado "dall'originario significato allusivo alla identità di effetti (equiparazione dal punto di vista processuale: perinde ac si) passò ad indicare la pura simiglianza al contratto-accordo, della fattispecie divergente cui era ricollegata l'effetto obbligatorio" (p. 353-354).

[276] *Autonomia...*, op. cit., p. 374.

[277] Idem, p. 401.

Tendem ao reconhecimento com base na boa-fé autores como Siebert.[278] Para estes, ao lado das declarações negociais propriamente ditas, haveria aqueles comportamentos dos quais se deduz a declaração. Aqui, a vinculatividade "...se basearia na tipicidade social, nas concepções do tráfego e na boa-fé, de acordo com as quais se geraria uma confiança, fundamento negocial autônomo".[279]

Claus Wilhelm Canaris também propugna uma teoria geral da responsabilidade pela confiança. Haveria uma correlação com o negócio jurídico "na medida em que normalmente se gera por força da participação no comércio negocial".[280] Vai ao encontro a tese esposada por Hans Dölle.[281]

O recurso à confiança, ou ao princípio da boa-fé, peca, em certa medida, pela generalidade com que se utiliza o conceito. Isto é facilmente perceptível na jurisprudência onde a invocação da boa-fé deixou de ser a aplicação de um princípio jurídico de conteúdo definido e passou a ser um recurso genérico para "fazer justiça" no caso concreto. Longe de se estar querendo negar o valor da boa-fé. O uso deste princípio, porém, não pode degenerar em apanágio a todos os fatos e situações de relevância jurídica para os quais não se encontre, facilmente, outra explicação. Muitas vezes há outro fundamento jurídico, mas a boa-fé é invocada, quase com um caráter moral. Assim, o que se propugna é que o recurso ao princípio da boa-fé seja feito quando for o caso e não como uma espécie de "reserva técnica" das motivações judiciais.

Aliás, a crítica ao uso da boa-fé para os casos de "relações contratuais de fato" é feita com precisão justamente por um dos maiores tratadistas sobre o tema (o que justifica a citação um tanto longa): "No âmago daquelas relações (contratuais de fato) situa-se a ocorrência de factos que, não podendo, por razões materiais ou jurídicas, reconduzir-se a contratos requerem, pelo seu papel, a aplicação do regime contratual. Em termos técnicos, as relações contratuais de facto correspondem ao detectar, em face de determinadas situações sociais, duma lacuna, integrada pela aplicação do regime contratual (...) A fonte destes deveres não está na boa-fé, em boa teoria das fontes das obrigações. A boa-fé normativiza certos factos que, estes sim, são fonte: mantenha-se o paralelo com a fenomenologia da eficácia negocial: a sua fonte reside não na norma que mande respeitar os negócios, mas

---

[278] *Apud* ALMEIDA, Carlos Ferreira de. *Texto e Enunciado...*, op. cit., p. 55-56.

[279] Idem, p. 56.

[280] Idem, p. 38.

[281] *Apud* CORDEIRO, Menezes. *Da Boa-fé...*, op. cit., p. 560.

no próprio negócio em si (...) Todos eles (fatos que a boa-fé normativiza) têm em comum a verificação de um relacionar entre duas ou mais pessoas, através duma dinâmica que pressupõe uma conjugação de esforços que transcende o estrito âmbito individual".[282]

Todas as explicações até agora examinadas acabam por admitir, em maior ou menor grau, a existência de relações que recebem um tratamento contratual (no sentido de que são fontes de relações assemelhadas às contratuais – daí o uso da designação paracontratuais parecer adequado), mas para as quais faltam elementos e requisitos que possam gerar um contrato. Buscam também, todas elas, um fundamento para tal obrigatoriedade (e foram vistas as mais variadas motivações).

Nada obstante a gama de alternativas, na ótica deste trabalho (e talvez na sua origem), constata-se a ausência de identificação de um traço comum específico nas referidas relações fáticas geradoras de obrigação. Não transparece, nas várias teorias até agora examinadas, qual a "vestimenta" para os "pactos nus" que ditas situações representariam (para usar-se da expressão tradicional com que o tema se põe desde o direito romano).

4. A atuação no surgimento da obrigação (paralelo com o comportamento concludente e com o enriquecimento sem causa)

Antônio Junqueira de Azevedo menciona que alguns autores admitem os chamados "negócios de atuação".[283] Desenvolvendo o tema, V. Scalisi explica a teoria de Hanau. Esta retorna, em certo grau, à concepção romana de contratos inominados, na medida em que supõe a vigência de um princípio "in base al quale la esecuzione di fatto di una prestazione dà luogo senz'altro (...) al sorgere di un rapporto contrattuale, in quanto la disciplina relativa offre una migliore tutela".[284]

Ainda que por tal teoria não se chegue exatamente ao ponto que aqui se defende, ela traduz o enunciado que se adequa à noção de causa sinalagmática da obrigação. A execução de uma determinada prestação não pode ser, em caráter absoluto, geradora da obrigação

---

[282] CORDEIRO, Menezes. *Da Boa-fé...*, op. cit., p. 645-646 (trechos em parêntesis foram apostos).

[283] *Negócio jurídico e declaração...*, op. cit., p. 17.

[284] *Il Negozio...*, op. cit., nota de rodapé nº 315, p. 194. É bem verdade que há na teoria a afirmação de que a execução contratual teria natureza de declaração. Evidentemente que séculos de estruturação do contrato como fruto de uma declaração não poderia deixar de afixar a sua marca.

correspectiva da outra parte. Basta que se pense na situação muito atual em que uma determinada pessoa recebe em casa, por exemplo, um cartão de crédito sem que o tenha solicitado. Mesmo que a administradora do cartão tenha executado a entrega do cartão (e com isto tenha desenvolvido atividade onerosa), a execução desta prestação contratual não gera obrigação para a outra parte. O uso do cartão, porém, configura, no entendimento tradicional da doutrina, uma modalidade de aceitação por comportamento concludente. Esta situação, facilmente enquadrável na teoria do negócio jurídico (há uma oferta que se aceita, ainda que por comportamento), é diferente das relações contratuais de fato. Nela, porém, vislumbra-se que o móvel do contrato não foi a execução de qualquer prestação, mas sim a execução daquela prestação que importa em (a) gerar vantagem patrimonial para um lado e (b) impor um ônus patrimonial para o outro lado.

Quando o consumidor usa o cartão de crédito enviado graciosamente, aproveita a vantagem da compra a crédito e impõe à administradora o ônus de honrar a conta feita por ele. No comportamento concludente, mais do que a vontade, está-se diante de uma obrigação que surge em decorrência do deslocamento patrimonial havido. Suponha-se que o usuário tivesse apresentado o cartão equivocado (ao invés de alcançar para o lojista o que tradicionalmente usa, entregou-lhe o novo), não haveria como impugnar a utilização valendo-se de um suposto vício de vontade tal qual o erro, por exemplo.

Com isto quer-se dizer que, mesmo em relações contratuais que admitam declarações tácitas (especialmente o comportamento concludente), subjaz à obrigatoriedade que surge, uma causa expressa pelo deslocamento patrimonial. Isto acaba por fazer com que um patrimônio tenha sido minorado e que mereça uma contrapartida para que volte a se equilibrar.

Inegavelmente, há uma aproximação com o conceito de enriquecimento sem causa. Diferentemente deste, porém, não há, nas relações paracontratuais, uma situação de indenização, senão que surgem consequências contratuais, ou seja, põe-se em curso uma relação jurídica. No enriquecimento sem causa, compensa-se o que se perdeu. Nas relações paracontratuais, muitas vezes, inicia-se uma relação de longa duração, como nos tradicionais exemplos do fornecimento de água e luz. Ainda, no enriquecimento a indenização se estabelece na exata proporção da relação "enriquecimento-empobrecimento". Já nas relações paracontratuais o correspectivo devido pode decorrer de uma vantagem potencial (como, adiante se verá, no caso dos estacionamentos).

É que no fundo, nestas circunstâncias fáticas há um comportamento negocial que se traduz no deslocamento patrimonial, aquilo que justificava já no direito romano o surgimento dos contratos inominados nos quais, não havendo a "vestimenta" da forma ou da tipicidade, havia a "vestimenta" do *do ut des, do ut facias, facio ut facias, facio ut des"*.

5. A estrutura negocial das relações paracontratuais

E. Betti, dando uma explicação para o reconhecimento jurídico das relações contratuais de fato, diz em passagem que merece transcrição integral: "Pertanto, saremmo propensi a concludere che i c.d. rapporti contrattuali di fatto corrispondono all'idea dell'autonomia privata, nei limiti in cui essi trovano la lora base in un comportamento tipico-sociale degli interessati, e abbiano la lora ragione d'esistenza nel fatto che – conformemente alle esigenze della vita – sia stata realizzata una situazione di fatto tipicamente vincolante le parte tra loro. Entro tali limiti la fonte del rapporto obbligatorio può essere qualificata siccome avente natura di negozi, cui certo non addice l'ulteriore qualifica di contratto, accordo nel senso odierno, e che invece, in ragione del suo orientamento unilaterale, rappresenta in certo modo un ritorno all'originario senso del 'contrahere obligationem'".[285]

Afora a expressa menção à situação típica (o que se entende, conforme visto no capítulo anterior, em decorrência da noção de causa como função econômico-social, logo, equiparando-se ao tipo), o trecho transcrito releva o caráter fático das relações que servem de fonte de obrigação. Porém, ressalta a natureza negocial, pois nascida no tráfego jurídico de bens.[286] Nada obstante isto, fica a pergunta: mas o que se protege no tráfego? Qual a causa da juridicidade que a proteção do tráfego faz necessária? A resposta parece ser o deslocamento patrimonial que resultaria sem causa, caso não houvesse o surgimento vinculante de um correspectivo.

Ainda se anda na estrada pavimentada pela autonomia privada, mas não com o carro da vontade, e sim com o da causa sinalagmática, traduzida como deslocamento patrimonial que enseja a obrigação de prestar um correspectivo. A relação obrigacional surge da reciprocidade de atuação. Não necessariamente uma atuação movida por um

---

[285] *Sui cosidetti...*, artigo citado, p. 370-371.

[286] Páginas antes, o mesmo autor escrevia: "in linea generale il fondamento giuridico onde si riconosce loro efficacia (das relações contratuais de fato) , è da ravvisare nella esigenza di tutela del traffico..." (p. 365).

comportamento subjetivo, mas uma atuação negocial, objetivamente considerada pelo deslocamento patrimonial.

A gênese fática em nada invalida esta conclusão até porque o próprio negócio jurídico radica, enquanto fruto da autonomia, em uma situação da vida acolhida pelo direito. É aquilo que o mesmo E. Betti chama de "função dinâmica" do direito, qual seja, a de "tornar possível a perene renovação, de facilitar a circulação dos bens e a recíproca utilização dos serviços, em conformidade com as necessidades que vão surgindo sucessivamente".[287]

As relações fáticas que traduzem um deslocamento patrimonial vantajoso para uma das partes, de modo a imporem um correspectivo à outra parte, representam uma forma de manifestação da autonomia privada na medida em que, tal qual o negócio jurídico, "si presenta provvisto, già sul piano sociale, di energia operativa".[288]

Assim compreendida, pode-se dizer que a autonomia privada, para atender à rica multiplicidade das situações que merecem respaldo jurídico, acaba por gerar relações onde a vontade assume caráter proeminente (mas nas quais, em certa medida, não se prescinde do elemento causal, como aqui entendido) e outras nas quais o elemento causal predomina, ainda que haja um agir autônomo, diverso da declaração negocial.

Estruturalmente pode-se dizer também que "il comportamento socialmente tipico andrebbe inquadrato, per la sua struttura simile a quella del contratto, tra gli atti reali cosidetti bilaterali".[289]

A entrega da coisa (caráter real do agir) provoca a necessária ação recíproca. Não, porém, necessariamente haverá deslocamento patrimonial atual visto que este pode ser potencial ou expectativo, só aperfeiçoando-se eventualmente, quase como se fosse aleatório. Neste tipo de relação, o agir de uma das partes "aposta" na obtenção da vantagem. É o caso do estacionamento em locais de compras. O oferecimento da vaga no "shopping center", por exemplo, decorre do modo de atrair clientes, o que não significa uma compra certa por esse cliente em potencial, mas que é atraído por força do estacionamento.

---

[287] *Teoria Geral...*, op. cit., p. 95.

[288] IRTI, Natalino. Itinerari del negozio giuridico. *Letture bettiane sul negozio giuridico*. Milão: A. Giuffrè Editore, 1991, p. 19. Neste sentido Antônio Junqueira de Azevedo: "Vê-se bem que não é o direito posto, o direito estatal, que dá o caráter de negócio jurídico a determinados atos; o direito posto recebe, quase sem refração, o que é considerado negócio jurídico pelo grupo social" (*Negócio jurídico e declaração...*, op. cit., p. 8).

[289] SCALISI, op. cit., p. 195.

Daí que a estrutura seja mais bilateral do que real, muito embora, na grande maioria das situações, o que ocorra seja, realmente, um deslocamento efetivo.

A. Somma, na obra utilizada neste trabalho, que versa sobre a evolução histórica da formação do consenso contratual, afirma que atualmente se fala do contrato entendido como troca e diz que este entendimento faz com que o elemento causal esteja "naturalmente ricompreso nella stessa nozione di scambio, che ci appare anzi valorizzata in funzione di un controllo sull'equilibrio tra gli apporti dei contraenti (...)".[290] É esse tipo de estrutura que se torna semelhante nas relações paracontratuais.

6. A causa sinalagmática e sua aplicação nas relações paracontratuais

Assentada esta concepção, ainda resta a indagação do seu fundamento. Aqui, a explicação talvez esteja contida já nos textos do Digesto utilizados no capítulo em que se tratou do direito romano. Lá, os dois textos analisados (D. 50, 16, 19 e D. 2, 14, 7, 1-4) mencionam "contrato que os gregos denominam sinalagma". A noção de sinalagmaticidade contida nas referidas passagens refere-se especificamente a um deslocamento patrimonial que importa em um agir recíproco. Este caráter de reciprocidade caracterizaria o contrato.

Justamente esse conteúdo, que foi perdendo espaço no campo contratual para a vontade, renasce nas relações paracontratuais e, como se viu no capítulo em que se tratou da causa subjetiva, desempenha um papel no campo dos próprios contratos fruto de declaração negocial, atuando no campo da eficácia dos referidos negócios.

Sob este ponto de vista, pode-se utilizar a noção de causa sinalagmática exposta neste trabalho para ela desenvolver papel tanto no campo contratual como no campo paracontratual. No âmbito contratual ela não diz respeito ao surgimento da relação (que depende da vontade). Ela serve, porém, como elemento de equilíbrio nas prestações, de modo a que o contrato não produza obrigações sem correspectivos. Já no âmbito paracontratual, ela opera como fato gerador da própria obrigação.

Atesta esta amplitude de funções Guido Alpa quando diz: "Ma il ruolo più importante della causa, a veder bene, è ancora un altro: è un ruolo didascalico-sistematico; la causa, in quanto ragione giustificati-

---

[290] *Autonomia...*, op. cit., p. 385.

va dell'operazione economica, è un elemento logico-strutturale della veste giuridica in cui l'operazione è calata. Essa serve a spiegare le ragioni del vincolo e tante altre cose (come i contratti atipici, i contratti misti e complessi etc.)".[291]

Se a causa for entendida como sinalagmática, ela estará dentro deste contexto de "vestimenta" para a juridicidade da equação econômica. G. Gorla, falando sobre a *cause suffisante*, afirma que "la primera vestidura es el contrato típico de cambio o, mejor dicho, el cambio de una obligación de dar por una contraprestación de carácter tipicamente económica. Esta vestidura es suficiente, a menos que exista la intención principal de (*y concorde*) de donar, pues entonces se necesitará la forma notarial"; e mais adiante, invocando o ensinamento de M. Planiol, prossegue: "Donnant, donnant: ésa es la ley que rige el contrato. Ley que sólo admite excepción en materia de liberalidades".[292]

O mesmo G. Gorla, tratando agora da *cause juste* ou *raisonnable* (que considera paralela à noção de causa suficiente, pois todas são "vestimentas" para "pactos nus"), segue na mesma linha: "en todos estos casos la expresión 'causa razonable' o 'causa razonable y justa', más que a un critério subjetivo para estabelecer la voluntad de contraer un vínculo en sentido jurídico, responde a un critério objetivo de proporción para establecer la justicia de la sanción jurídica o de la condena del deudor".[293]

Novamente em cena a ideia do sinalagma. Este aparece, portanto, como sendo, nas palavras de Aristóteles, antes já citadas,[294] "a reciprocidade proporcional (que) se efetua através de uma conjunção cruzada". Segundo o pensamento de Aristóteles, esta noção de sinalagma estaria presente tanto nos atos voluntários como nos involuntários, tidos como contratos ou delitos, pois em ambos haveria sempre "un changement essentiel dans la situation de l'une des deux personnes entre lesquelles il se produit, c'est-à-dire dans son avoir de biens conditionnant son bonheur, et en même temps un changement essentiel en sens inverse dans la situation respective de l'autre personne".[295]

---

[291] Causa e contratto: profilli attuali. *Causa e Contratto nella Prospettiva Storico-Comparatistica*. Turim: G.Giappichelli Editore, 1997, p. 281.

[292] *El contrato...*, op. cit., p. 194 e 196, respectivamente.

[293] Idem, p. 224.

[294] Citação feita no capítulo I, n° 2, de *Ética a Nicômacos*, passagem 1133a.

[295] DESPOTOPOULOS, Constantin. La notion de synallagma chez Aristote. *Archives de Philopsophie du Droit*, n° 13, p. 119.

Esta noção de sinalagma, em Aristóteles, resulta na atuação da justiça comutativa, entendida como justo corretivo. É o desequilíbrio ocasionado pela transposição de um bem da vida para outro patrimônio que exige seja "reparada" a perda com o aporte do correspectivo. Neste sentido, para Aristóteles, ainda nas palavras de C. Despotopoulos, antes citado: "Le fait seul de la déclaration de volonté de part et d'autre, et de l'accord entre ces deux volontés déclarées, c'est-à-dire la conclusion du contrat ou de la convention, ne semble pas avoir une portée décisive pour l'existence du synallagma respectif. Celle-ci ne se produit que du fait de la prestation effectuée par l'une des deux parties, qui entrâine le déséquilibre entre les situations de deux parties contractantes; ce déséquilibre étant la condition essentielle de la réaction du juste correctif, c'est-à-dire de la naissance de l'obligation à le réparer et à rétablir l'équilibre antérieur. Il est caractéristique de l'importance négligeable qu'Aristote assigne à l'élément volitif de la constitution des synallagmata volontaires".[296]

É que a noção de justo particular repousa na alteridade, quer-se dizer, na consideração do outro.[297] Isto importa em que, havendo uma relação na qual haja uma quebra da comutatividade entre as partes que se relacionam, o papel do justo corretivo seja o de reequilibrar as partes de modo a que a posição de uma não seja causadora de "injustiça" para a outra. Daí que se possa dizer, acertadamente, que "o justo comutativo bem compreendido conduz à noção de reciprocidade proporcional das trocas dentro da complexa malha social".[298] Este conceito elide a noção de que o justo é simplesmente recíproco, com isto destinando à justiça o papel de igualadora absoluta de dois pólos da mesma relação (o que se assemelharia à lei de Talião).[299] Por isto, afirma Aristóteles, "nas associações com vistas à permuta de serviços as pessoas se mantêm unidas graças a esta espécie de justiça, que é a reciprocidade conforme à proporcionalidade, e não na base de uma retribuição exatamente igual".[300]

---

[296] DESPOTOPOULOS, op. cit., p. 122.

[297] ARISTÓTELES. Ética a Nicômacos, op. cit., p. 93, passagem 1130a : "...considera-se que a justiça, e somente ela entre todas as formas de excelência moral, é o 'bem dos outros'; de fato, ela se relaciona com o próximo, pois faz o que é vantajoso para os outros...".

[298] BITTAR., Eduardo C. B. A Justiça em Aristóteles. Rio de Janeiro: Forense Universitária, 1999, p. 94.

[299] Aliás, na passagem 1132 b, 5, Aristóteles refere-se que tal ideia é o "justo para Radamantis", que era o mais severo dos juízes do Inferno na mitologia grega.

[300] Ética a Nicômacos, op. cit., p. 99, passagem 1133 a.

7. A causa sinalagmática nas relações contratuais e a sua extensão para as relações paracontratuais

Com tudo isto, pode-se ver que a noção de causa sinalagmática, como se apresenta neste trabalho, é tributária dos conceitos supra referidos da teoria aristotélica. A importância que o direito atribui a várias situações jurídicas concretas, sempre precisando esta compensação por "perdas" e "ganhos", parece ser a justificativa para que, mesmo sem declaração de vontade, certos comportamentos "vistam-se" de juridicidade, desde sempre, para fazer atuar a justiça comutativa, corretiva das disparidades nas trocas patrimoniais.

Na lição de M. Villey, a esta conclusão se chega pela observação da realidade. Diz ele: "L'observation de la nature, des affaires telles qu'elles se déroulent objectivement dans le monde, ne mène pas à mettre au premier plan de rôle de la convention ni de la loi".[301] A mesma visão o autor divisa no direito romano (mormente nos contratos inominados), o que, de certa forma se perdeu modernamente. Daí que conclua, candentemente, o artigo dizendo: "Qu'ai-je voulu montrer pour ma part? (...) Que la philosophie classique du droit naturel, si mal connue autour de nous, conduit à penser le contrat dans une perspective différente; réaliste, elle pense le négoce, non des constructions idéelles; décrivant le négoce tel qu'il est, échappant à la tyrannie des deux idées de volonté concordante des individus ou de volonté du législateur étatique, qui son l'une e l'autre à la base des systèmes juridiques modernes; collant beaucoup mieux au réel".[302]

Os termos postos por M. Villey demonstram o que se quis dizer começando o trabalho por um exame de como a noção de sinalagma (que permeava algum dos sentidos da palavra causa desde o direito romano) foi se perdendo ao longo do tempo.

Nada obstante isto, viu-se, e se repete para resumir as ideias até aqui expostas, que mesmo sistemas que adotam o princípio da autonomia de modo amplo, admitem a causa, ainda que numa versão subjetiva. Entretanto, esses ordenamentos acabam dobrando-se a conclusões retiradas da noção de causa como correspectivo das prestações (ao menos nos contratos onerosos).

O fato de se perceber, no direito contratual, que há uma relação sinalagmática, de recíproca troca de interesses, de modo a que se passe a aceitar medidas corretivas do desequilíbrio destas prestações,

---

[301] Préface historique à l'étude des notions de contrat. *Archives de Philosophie du Droit*, n° 13, p. 7.

[302] Idem, p. 10.

serve de analogia para as situações da vida em que as trocas ocorrem, sem os demais elementos ou requisitos necessários para as demais fontes de obrigação. Nestes casos, o reconhecimento jurídico que se faz (ainda que não legalmente pois aí poderia ser utilizada a ideia de fonte legal de obrigação) é decorrente do deslocamento patrimonial que importa em criar uma obrigatoriedade de prestação do correspectivo, a fim de que se faça presente a justiça comutativa, no sentido aristotélico do termo.

A existência de uma relação contratual de fato decorreria da presença de outro elemento do contrato que não a declaração, qual seja, o deslocamento patrimonial. Denominar-se isto de comportamento social típico significa procurar-se o que está tipificado e parece ser a relação de reciprocidade, pois é típico que de um deslocamento patrimonial (que não seja liberalidade) decorra o correspectivo.

Surgida a relação a partir da existência da causa sinalagmática, permite exigir que as partes se comportem conforme à boa-fé, mas fica muito claro que não é a boa-fé que impõe a contraprestação, e sim, a prestação que a antecedeu.

A ideia de uma autovinculação quase contratual esconde qual seja o ato de autovinculação. Este aparece quando se desnatura a relação causal sinalagmática subjacente.

Assim, como que se cai num paradoxo evolutivo. Ao mesmo tempo em que a tecnologia evolui, e as relações sociais e econômicas tornam-se cada dia mais complexas, surge uma necessidade de voltar-se à utilização de uma noção presente no pensamento grego e juridicizada pelos juristas romanos que foi, paulatinamente, desfazendo-se no tempo de modo a tornar-se obscura. Quiçá parte desta obscuridade decorra do fato da noção ter sido sempre veiculada (quando o foi) dentro do conceito proteico de causa.

Daí que se fez questão de frisar quais os conceitos que tradicionalmente são veiculados com a palavra causa para precisar-se um que é o estrado sobre o qual se edifica tanto a construção contratual (ainda que, repita-se, no plano da eficácia, mais do que no plano da validade) e, identificado o ponto em comum, a juridicidade de certas relações paracontratuais.

Como bem diz G. Stella-Richter, nas relações fáticas que se opõem ao contrato "manca l'elemento soggettivo, o addirittura lo stesso atto genetico (negozio), ma vi è tuttavia un contenuto economico e giuridico analogo a quello che nasce per regola dal contratto".[303]

---

[303] *Contributo...,* artigo citado, nota de rodapé nº 3, p. 152.

8. A tentativa de aplicação concreta da ideia de causa sinalagmática

Fixado o conceito que se vem construindo e determinada sua presença (ainda que não com função geradora da obrigação) nos contratos onerosos, deve-se fazer um exame da presença destes conceitos na realidade.

Em feliz passagem Jean Noirel flagra o trabalho que a jurisprudência tem levado a cabo neste campo. Diz o autor: "Observer la tendance à l'expansion des situations de fait dans le droit civil moderne, c'est assister à l'un des aspects de la lutte permanente pour le renouvellement, la transformation, l'adaptation du droit (...) l'adaptation implique une pénétration de l'ordre juridique par l'ordre social spontané, dont les situations de fait sont un élément important. A cet égard, il faut souligner le rôle capital dévolu à la jurisprudence, véritable source de droit, chargée d'opérer le contrôle de cette pénetration du droit par les situations de fait".[304]

Assim, o próximo capítulo é verdadeira continuação e complementação deste, na medida em que faz um exame de casos nos quais (a) pode-se ver o raciocínio que privilegia a causa sinalagmática em detrimento da vontade, bem como (b) situações que, não fazendo recurso a esta solução poderiam a ela ser reconduzidas.

Desde já, adiante-se que os casos em que explicitamente se faz menção a isto são raros. Porém, o exame será feito considerando também que a estrutura sinalagmática, ao menos no plano da eficácia, também serve para solucionar questões contratuais.

O desiderato deste último exame é o de reforçar o que se disse neste capítulo acerca da estrutura assemelhada das relações paracontratuais com as contratuais. Isto servirá, também, para que se consolide a noção de que a vontade, por mais significativa que seja para a formação dos contratos, ainda mantém um vínculo com a ideia de causa sinalagmática. Este vínculo reside no fato de que a causa sinalagmática é a parte negocial propriamente dita do contrato.

Igualmente, serve para mostrar a aplicação prática, e sempre crescente que a noção de sinalagma vem desempenhando, contribuindo para demonstrar a atualidade e importância do tema.

---

[304] Le droit civil contemporain et les situations de fait. *Revue Trimestrielle de Droit Civil*, 1959, p. 464.

Capítulo VII

A aplicação da causa
sinalagmática na jurisprudência

1. Objetivo do capítulo

O presente capítulo, tendo como objetivo examinar casos concretos em que aparece a ideia de causa sinalagmática, vai analisar acórdãos dos tribunais nacionais que, julgando hipóteses concretas, usam, ou poderiam ter usado, como fundamentação a causa sinalagmática (consolidado o conceito desta como a transposição, atual ou potencial, de vantagens para o patrimônio alheio, ensejando um correspectivo, atual ou potencial, para a outra parte envolvida). Este exame se fará em situações em que não se vislumbre uma fonte obrigacional tradicional, seja o ato ilícito, seja o contrato.

Igualmente, o exame será feito em situações contratuais visto que, havendo nos contratos onerosos uma relação sinalagmática, ainda que não operando como fonte de obrigações, permite que se desenvolva outra função da causa. Já na introdução[305] mencionou-se que um dos sentidos da palavra "causa" traduzia a função de manutenção da obrigatoriedade assumida no plano da eficácia. Isto importa em ver-se que, muitas vezes, o desaparecimento da causa, ao longo da vida contratual, pode ensejar consequências para a relação.[306]

Este o norte do exame que se fará neste capítulo.

2. O caso dos estacionamentos

O primeiro grupo de julgados já foi anunciado na introdução do presente trabalho pelo que tem de paradigmático. Trata-se da série

---

[305] Introdução, nº 8.

[306] Tal qual se viu, no capítulo IV, quando foram expostos alguns institutos que se justificam pela noção de causa, nᵒˢ 13 a 15.

de acórdãos do Superior Tribunal de Justiça que resultou na edição da Súmula 130 daquela Corte. O verbete diz: "A empresa responde, perante o cliente, pela reparação do dano ou furto de veículo ocorrido em seu estabelecimento".

A matéria chegou a ser sumulada pela divergência de entendimentos que havia nos tribunais estaduais aos quais era afeta a matéria, bem como no próprio STJ, onde havia entendimentos díspares.

De um lado estavam aqueles que entendiam haver uma obrigatoriedade do comerciante, lojista, administrador de "shopping center" etc., responder pela segurança e guarda daqueles que estacionavam seus automóveis para ir aos estabelecimentos. De outro lado, estavam os que entendiam que isto não era possível porque inexistia um dever jurídico que ensejasse a correspondente obrigação.

Representativo desta corrente é o voto, que restou vencido, exarado pelo Min. Eduardo Ribeiro, no REsp. nº 5.886-0-SP.[307] Diz o julgador: "O fundamento da responsabilidade será a lei ou o contrato. Lei alguma existe impondo-a. Haveria um contrato tácito". Porém, para admitir dito contrato tácito de depósito, o julgador via dificuldades: "Ocorre que o contrato de depósito, que tem natureza real, só se perfaz com a efetiva entrega da coisa. Ora, não se me afigura possível vislumbrar exista tradição, com o simples fato de alguém permitir que outrem se utilize de determinado espaço para estacionar seu veículo". E concluía: "Persisto no entendimento, ainda que isolado, de que não existe norma ou princípio jurídico que imponha a alguém, que oferece determinada facilidade, a obrigatoriedade de fazê-la maior que a ofertada".

Já os votos que nos vários acórdãos eram favoráveis ao surgimento de uma obrigação do estabelecimento fundamentavam-se de forma diferente entre si. Para a maioria dos casos tratava-se de contrato de depósito, como foi qualificado na própria decisão que conteve o voto vencido acima transcrito. A figura do contrato de depósito, além de exigir o caráter real, com a tradição funcionando como complementação da manifestação volitiva, ainda carece, para efeitos probatórios, ao menos, de documento escrito, *ex vi* do art. 646 do Código Civil (forma *ad probationem*). Neste sentido, o voto vencido está correto. Só a busca a uma declaração tácita poderia ensejar esta conclusão. Como dito anteriormente, porém, buscar-se uma declaração tácita quando não há, na atividade da parte, qualquer prévia concordância, é unir dois pontos antagônicos. Busca-se justificativa na vontade, justamente em casos onde ela não existe.

---

[307] Acórdão publicado na Revista do Superior Tribunal de Justiça (RSTJ), nº 72/357.

Coisa distinta é alguém entrar em um estacionamento privado que pratique este negócio e, valendo-se do serviço ofertado, posteriormente negar-se ao pagamento porque não teria declarado sua vontade. Aqui, as circunstâncias são contratuais, pois o estacionamento está posto para ser utilizado remuneradamente e, no caso da utilização, tem-se uma aceitação de parte do aderente, o que é feito via comportamento concludente. A proximidade das situações pode ensejar confusões, mas, como já diferenciado, na relação paracontratual não há, primariamente, a intenção contratual de qualquer das partes.

Apesar de fundamentarem-se na figura de um contrato tácito, todos os acórdãos afastam o caráter gratuito do agir do dono do estacionamento. Aqui está a situação efetivamente sinalagmática.

Invariavelmente, os acórdãos contêm afirmações do seguinte teor: "os comerciantes e bancos que possuem estacionamentos conseguem ter maior clientela. A propaganda de diversas empresas é até mesmo calcada no fato de que propiciam estacionamento privativo e gratuito a seus clientes. (...) Não se há de falar, entretanto, que tal serviço seja efetivamente gratuito na plena acepção do vocábulo, pois que, ainda que nada se cobre diretamente de quem se serve do estacionamento na hora em que ali deixa seu veículo, tal preço já se acha embutido no valor das mercadorias e dos demais serviços, diluído nos custos da atividade de quem o oferece. *A pretensa gratuidade e facilidade de estacionamento, em tais casos, são formas de atrair clientes, caracterizando-se como compensação de serviços"*.[308]

Ou, no mesmo sentido: "Não é bem com uma mera cortesia propiciada aos seus fregueses, que os estabelecimentos comerciais reservam área adjacente para o estacionamento de automóveis. Mais que isso, a comodidade é estabelecida como atrativo para a afluência de consumidores. Se, assim, o estacionamento consiste em um serviço prestado no interesse do próprio incremento do comércio, disso decorre, para a empresa que o mantém, o dever jurídico de vigilância e guarda dos veículos ali conservados (...) *quando menos em atenção ao princípio que se define pela atribuição dos sacrifícios a quem recolhe os benefícios de uma determinada atividade ou empreendimento"*.[309]

---

[308] REsp. n° 4.582-0-SP, RSTJ 72/353. O trecho transcrito, cujo grifo foi inserido, foi lançado na sentença de primeiro grau, desconhecendo-se a autoria.

[309] REsp. n° 5.886-0-SP, trecho que também não continha grifo no original e que constava do acórdão estadual da 8ª Câmara Cível do TJSP.

Nota-se, em todos os acórdãos,[310] uma fundamentação buscada naquilo que, significativamente, o julgador cita como sendo *"princípio que se define pela atribuição dos sacrifícios a quem recolhe os benefícios"*. Isto é o que aqui se tem denominado de causa sinalagmática e não se pode ver, na relação que surge, um contrato, e sim, quando muito, uma relação paracontratual. Tampouco se pode falar em enriquecimento sem causa, pois não há medida de enriquecimento diretamente vinculada ao empobrecimento. Da mesma forma, invocar ao artigo 186 do Código Civil é pressupor um ato ilícito que manifestamente não ocorre.

Daí que, não sendo contrato, não sendo delito, haja uma certa perplexidade com o fundamento das decisões, como manifestou o voto vencido supracitado. Aliás, em alguns acórdãos, esboça-se uma motivação diferente. Assim, no citado REsp. n° 7.901-0-SP, a citação do acórdão de origem refere como fundamento, tomado da lição Cáio Mário da Silva Pereira, a existência "de várias figuras de negócios jurídicos de natureza contratual, que não se enquadram perfeitamente nos tipos clássicos dos contratos tradicionais, exemplificando com o contrato de guarda de automóvel em garagem.: 'São modalidades assemelhadas ao depósito, com autêntica atração do regime jurídico deste, mas que melhor se definem sob a designação especial de contrato de guarda (Instit. de Dir. Civ. For. 1978, III, p. 317)". Aponta-se uma atipicidade, mas ainda se reduz à natureza contratual (isto, como antes dito, às vezes pode ocorrer, caso em que se estará tratando de comportamento concludente).

Outro acórdão interessante, surgido quando a discussão já não era nova, é o do REsp. n° 30.033-6-SP, no qual o relator, Min. Sálvio de Figueiredo Teixeira, pondera: "Certo é que essa Turma tem evoluído em seu entendimento, após maiores reflexões, para descortinar, em situações similares à versada nos autos, não propriamente a figura do contrato de depósito, mas sim responsabilidade pela guarda do veículo em decorrência de uma prestação de serviço".[311] Concor-

---

[310] No REsp. n° 7.134-0-SP (RSTJ 72/367), o relator Min. Dias Trindade diz: "Não importa que a parada seja gratuita, para afastar a responsabilidade civil da empresa recorrente, que mantém o estacionamento como elemento indispensável ao próprio exercício de sua atividade, daí a sua qualificação como *estacionamento interessado...*" (grifo original). No REsp. n° 7.901-0-SP (RSTJ 72/371), citando trecho do acórdão recorrido de lavra do Des. Roque Komatsu, aparece: "E é aparentemente gratuito, mas seu custo ou preço está incluído no valor das mercadorias que expõe à venda ou então *na perspectiva do lucro, na razão direta da afluência da clientela, atraída pela comodidade do estacionamento proporcionado*" (grifou-se).

[311] RSTJ 72/381. Neste acórdão está citada outra decisão, de lavra do Min. Athos Gusmão Carneiro na qual também se afasta a hipótese de contrato: "Este entendimento repousa não em contrato de depósito tal como regulado no Código Civil, mas sim na obrigação de guarda e de vigilância que a empresa comercial tacitamente assume ao proporcionar a seus clientes local presumivelmente seguro para estacionamento".

dando-se que não se trata de contrato, mas, sim, de responsabilidade, resta a pergunta: qual a fonte desta responsabilidade? Justamente a causa sinalagmática.

Indo mais adiante vê-se acórdão, posterior ao último citado, no qual o Min. Ruy Rosado de Aguiar Jr. diz, a certa altura, que: "Não há cuidar de contrato de depósito, simplesmente porque não existe contrato de depósito. Há apenas o descumprimento do dever de proteção, que deriva da boa-fé, dever secundário independente".[312] Aqui o fundamento é a boa-fé que, incidindo, gera obrigações anexas ou laterais. Como se sustentou no capítulo anterior, porém, para que a boa-fé regule certas figuras contratuais ou paracontratuais, elas devem ser fonte de obrigações as quais se cumpram e executem segundo a boa-fé objetiva. Assim, há uma obrigação prévia, surgida da relação fática e que se exercita de acordo com a boa-fé. Note-se que a relação existe, mesmo que não houvesse o furto. No curso desta relação, agindo de boa-fé, o estabelecimento devia adotar medidas de proteção e cuidado. Neste ponto parece muito claro porque não é da boa-fé que surge a obrigação (como cristalinamente posto na lição de Menezes Cordeiro).[313]

Por tudo o que se vem dizendo neste trabalho, a explicação para os casos referidos é a causa sinalagmática que produz obrigação para atuar a noção de justiça comutativa, impedindo que a vantagem auferida por uma das partes envolvidas na relação fique sem a recíproca e proporcional obrigação correspectiva.

Em parecer acerca de fatos decorrentes de um roubo em um estacionamento de um supermercado, Antônio Junqueira de Azevedo teve a oportunidade de manifestar-se sobre o tema.[314] Examinando as posições contratuais, rejeita-as como sendo corretas e as trata como relações contratuais de fato, ressaltando que, dada a aparente contradição na denominação, prefere utilizar a expressão "relações paracontratuais". Em dito parecer, o autor também examina o verbete 130 da Súmula do STJ para concluir que o mesmo não adota uma tese de que há contrato, sendo compatível com a ideia das relações contratuais de fato.

---

[312] REsp. nº 47.901-3-SP, publicado na RSTJ 66/20.

[313] Passagem citada no capítulo anterior, nº 3.

[314] "Responsabilidade civil – assalto em estacionamento de supermercado – estacionamento gratuito como caso de 'relação contratual de fato' – admissão da prova de não-culpa – estupro tentado fora do estacionamento, seguido de morte – falta de relação de causalidade adequada", publicado na RT 735/121.

É interessante ver que um dos exemplos retirados da jurisprudência alemã é justamente uma decisão acerca do estacionamento em local pago, supondo o usuário que estacionava em local público. O fundamento da condenação em pagar o estacionamento foi a ideia de comportamento social típico, eis que havia a prestação do serviço e, portanto, deveria haver a contraprestação.[315]

3. O caso dos atos existenciais e os contratos automáticos

Outro caso relevante para a espécie é o que diz respeito à prestação de serviços de utilidade pública. Modernamente, várias comodidades cotidianas passaram a ser mais do que meras comodidades, tornando-se verdadeiras necessidades, integradas ao dia a dia e, em muitas circunstâncias, imprescindíveis para a vida em grandes centros urbanos. Nesta seara inserem-se os fornecimentos de energia elétrica e de água, bem como o serviço de telefonia.

Em todas estas circunstâncias não há propriamente uma contratação em sentido tradicional, haja vista que os usuários, ainda que manifestem inicialmente a sua vontade quando solicitam a ligação do telefone ou da luz ou da água, passam a efetuar utilizações quase que automáticas e acionadas por pessoas indeterminadas (qualquer um que esteja na casa utiliza, seja maior, menor, incapaz, autorizado ou não).

A rigor, se se fosse considerar o ato de solicitação do fornecimento como um negócio jurídico, sobraria muito pouco para a vontade. Na verdade, isto representa um ato de liberdade que, se pode ser enquadrado como um ato assegurado pela liberdade de iniciativa que o ordenamento assegura às pessoas, não significa uma declaração negocial em sentido estrito. Portanto, ainda que se reconheça um ato deflagrador do fornecimento ou da prestação de serviço, esse "...viene a coincidere allora interamente con la mera libertà concessa al privato di tenere o meno il comportamento, e, in quanto tale, costituendo (...) un momento comune a tutti gli atti giuridici della negozialità del contegno esplicato dall'agente".[316]

Aliás, Clóvis do Couto e Silva, em sua muitas vezes pioneira "A obrigação como processo", tendia a assimilar tais situações aos atos-fatos, eis que, muito embora dependessem de um agir livre do

---

[315] Decisão tradicionalmente citada pelos autores e que se vê resumida em W. FLUME. *El negocio jurídico*, op. cit., p. 132.

[316] V. SCALISI. *Il negozio...*, op. cit., p. 191-192.

agente, eram recepcionadas no mundo jurídico como verdadeiros fatos.[317]

De certa forma estas situações aproximam-se do conceito que o direito anglo-americano utiliza nos chamados *"contracts for necessaries"*. Nestes, reconhece-se que menores incapazes se vinculam quando se envolvem em obrigações pertinentes a necessidades da vida (ou atos existenciais). Nada obstante, o entendimento não se cinge a bens de primeira necessidade, condicionando-se à realidade econômico-financeira do menor.[318]

J. D. Calamari e J. M. Perillo, enquadrando a responsabilidade dos menores neste caso, sustentam que não se trata de uma responsabilidade contratual, e sim, quase contratual, o que traria como consequência o fato de não responderem pelo preço do contrato, e sim, pelo valor razoável do bem necessário.[319]

Assim, apesar do ato inicial ser livre, isto não o identifica com uma declaração negocial geradora de um contrato, pois a continuidade do relacionamento entre usuário e fornecedor se despreende da manifestação volitiva, passando a formar uma prestação fática continuada. Os tribunais, nos raros casos em que têm sido chamados a se manifestar, têm divergido quanto ao tema.

Recentemente, como fenômeno dos serviços prestados por telefone (chamados de serviços 0900, em função do prefixo que os antecede) despontaram algumas ações. Basicamente, tratava-se de consumidores descontentes com a cobrança, impugnando as contas e alegando que não havia contrato que as respaldasse. Examinando um destes casos, o 1º Tribunal de Alçada Civil de São Paulo[320] afirmou ser devido o pagamento dos valores pertinentes à utilização, eis que deveria ver-se a figura do "contrato automático", invocando a lição de Enzo Roppo

---

[317] Tratando dos atos-fatos diz: "As hipóteses costumeiramente enumeradas são as de especificação, comixtão (sic) separação de frutos e aquisição de posse. Recentemente acrescentou-se o 'contato social', como ato-fato produtor de direitos e obrigações, bem como os atos existenciais" (*A obrigação...*, op. cit., p. 88).

[318] VENCHIARUTTI, Angelo. Contratti dell'incapace nel diritto inglese. *Scritti in Onore de Rodolfo Sacco*. Milão: A. Giuffrè Editore, 1994, t. 1, p. 1149-1150, afirma: "...la giurisprudenza, per quanto concerne l'ambito dei 'necessaries', accoglie una nozione piuttosto ampia, e non già ristretta agli articoli di mera essenzialità (...) le caratteristiche proprie del bene vengono comparate, da un lato, con il livello di vita del contraente incapace, e, dall'altro lato, con la situazione quale si presenta al momento in cui figura concluso il contratto".

[319] *Contracts*, op. cit., p. 319: "It is well settled that an infant is liable for necessaries furnished him, and it is generally recognized that this liability is quasi-contractual rather than contractual (...) the infant is not liable for the contract price, but for the reasonable value of the necessaries furnished".

[320] Julgamento da Apelação Cível nº 869.417-5, pela 7ª Câmara Cível, relator o juiz Ariovaldo Santini Teodoro, publicado na RT 775/272.

em sua obra "Il contratto". O conteúdo do acórdão é um tanto contraditório, pois a certa altura afirma: "Quanto à fonte da obrigação cujo cumprimento ora é exigido, sem dúvida que é contratual", aduzindo, para completar esta assertiva, que "no mínimo, o contexto enseja considerar ocorrida manifestação tácita da vontade, que é questão de fato 'solúvel pelas circunstâncias do caso concreto'".

Nada obstante isto, acaba afirmando mais adiante – com uso da tese de doutoramento do Prof. Custódio da Piedade Ubaldino Miranda ("Interpretação e integração dos negócios jurídicos") – que "Parece mais realístico dizer-se que, nestes casos, atribui-se convenientemente o valor da declaração contratual a comportamentos sociais valorados de modo típico, pelo que eles socialmente exprimem, abstraindo-se da conduta psicológica dos seus autores". Em verdade, entre esta afirmação e a anterior (que afirma uma fonte contratual com, no mínimo, manifestação tácita) há uma parcial contradição. Ambas são inconciliáveis, pois ou se admite a ligação à vontade, ainda que manifestada por comportamento concludente, ou se afasta o elemento volitivo para ver-se outra fonte.

Na ótica que se tem adotado neste trabalho, a fonte não é contratual, ainda que os efeitos se assemelhem. A fonte reside na causa sinalagmática traduzida, no caso específico, pela utilização do serviço posto à disposição, atendendo à vantagem que o usuário tem, em contrapartida do preço que é devido. Aliás, um dos fundamentos do acórdão examinado, que descreve a relação sinalagmática, é no sentido de que "A utilidade desse serviço deflui do interesse particular de cada usuário. (...) Completada a ligação, que traduz a solicitação do serviço, a apelante 'entrega' ao usuário, por meio telefônico, informações de seu interesse. Por isso é que ao usuário cabe pagar, além da tarifa à concessionária, também os serviços do disque 900".

A notícia dada em outro acórdão é no sentido de ser esta a jurisprudência majoritária na Corte paulista, muito embora haja posições contrárias. É o caso de outra decisão do mesmo Tribunal de Alçada.[321] Nesta, a 2ª Câmara de Férias de janeiro entendeu, ainda que com voto vencido, que não era devida a cobrança. Mas um exame atento do acórdão mostra que a causa de decidir residiu no fato de que havia equívocos nos lançamentos. Como se tratava de um serviço prestado pela empresa telefônica mas que não se prendia ao conceito restrito de telefonia, a maioria entendeu que "quando a tarifa se refere ao serviço telefônico em sentido estrito, a sua cobrança se acha amparada pela presunção *juris tantum* de legalidade e correção". Note-se, entretanto,

---

[321] Apelação Cível nº 894.831-4, relator o juiz Amado de Faria, publicada na RT 779/257.

que não se trata de discutir a fonte da obrigação, mas sim o ônus da prova sobre a efetiva prestação.

No voto vencido, em que está anunciada a posição dominante no tribunal, há um exame, semelhante ao acima referido, pelo qual se imputa a responsabilidade pelo débito ao usuário e, como a prestação foi efetivada, a ele incumbiria o ônus probatório em sentido contrário. O fundamento é o mesmo do acórdão anterior, ainda que mencione a ideia de um contrato tácito. Apesar de referir um contrato, diz: "ao digitar o código ou ao não tomar providência para evitar digitação de terceiro, o assinante é responsável pelas despesas de conexão, estabelecida por utilização contratual meramente eletrônica e notoriamente onerosa".

O voto vencido, apesar de mencionar a existência de um contrato, acaba referendando que o fato gerador da obrigação é a utilização, até porque se trata de um meio eletrônico de aferição. Estivesse sendo adotada a tese de contrato, a escusa apresentada naquele caso sobre o uso por terceiros e por menores poderia ser válida, pois haveria um fato de terceiro ensejando a irresponsabilidade (note-se que não se trataria de relação extracontratual na qual se pudesse falar em *culpa in vigilando*, nada obstante o acórdão pareça se valer desta assertiva, o que se entende face à pouca nitidez do fundamento).[322] Todos estes problemas estariam resolvidos se adotada, claramente, a causa sinalagmática como fonte da obrigação.

Quando se fala em comportamento socialmente típico, como no primeiro acórdão citado, não se distancia do que aqui se diz. Apenas que, como sustentado no capítulo anterior, não se explicita qual é o comportamento que se tipifica, ou melhor, porque se tipifica. A explicação que subjaz nestes acórdãos, tal qual no caso dos estacionamentos, é o deslocamento patrimonial (causa sinalagmática).

Diferente é a decisão posta no REsp. nº 258.156-SP, julgado pela 4ª Turma do STJ, relator o Min. Ruy Rosado de Aguiar Jr. Aqui a negativa da cobrança do serviço estribou-se em que não bastava o deslocamento patrimonial, exigindo-se a efetiva prova da contratação. Embora discordante da tese que se vem sustentando, tanto a autoridade do prolator quanto à contrariedade com a posição do deslocamento importam em que se examine o precedente.

O fundamento neste caso foi exatamente o oposto do que se diz quanto a este tipo de contratação, e o seu exame torna nítidas as duas

---

[322] O voto vencido afirma, a certa altura: "Nas hipóteses em testilha, não se escusam os assinantes, por outro lado, alegando utilização por terceiros de sua linha telefônica, especialmente os filhos, cuja educação e orientação lhe competem".

posições possíveis. Segundo o acórdão, não bastaria a utilização, pois caberia "ao fornecedor atuar no mercado de modo a garantir que a prestação de seus serviços decorra da real vontade do cliente de obtê--los". Com isto, deixa-se de lado a ideia de que a transposição de vantagem efetuada pelo uso do serviço é suficiente, exigindo-se uma prova do consenso, do acordo de vontade (afasta-se, inclusive, a ideia de que se trata de um consentimento tácito pelo fato de efetuar a ligação). O caso do acórdão, ao contrário do anterior em que a maioria também não deu guarida à cobrança em função de suposto equívoco na conta, deixa expresso que o problema se passaria no plano da formação da obrigação. Sendo de natureza contratual, não seria prescindível a manifestação expressa da vontade.

Esta situação é diametralmente oposta à ideia de causa sinalagmática, pois faz repousar exclusivamente na vontade a vinculatividade obrigacional da relação. É curioso ver que, no início do voto do relator, faz-se uma distinção (embora não se estenda nas consequências que esta distinção acarretaria para o resultado), ressaltando: "é preciso desde logo afirmar que não se trata de contrato firmado para a prestação de serviços de telefonia". Embora não haja o prosseguimento do raciocínio, a ressalva faz pensar que, se se tratasse de serviços de telefonia, o resultado poderia ser distinto.

Estes acórdãos abrem ensejo ao exame das situações envolvendo quaisquer maquinários pelos quais há uma prestação de serviço ou um fornecimento de bens, sem que haja um contrato em sentido próprio (comportando bem a distinção feita no direito alemão acerca de contrato e relação contratual – *Vertrag* e *Vertragverhältniss*).

O problema não é novo. Há mais de um século, em artigo publicado em 1901,[323] Antonio Cicu indagava-se sobre a natureza dos atos jurídicos mantidos pela exposição de uma máquina. O artigo acaba por concluir que se trata de uma oferta feita *in incertam personam* que dá surgimento a um contrato real, ainda que, contrariamente à generalidade dos contratos reais, não enseje uma restituição. "La res qui non è consegna di cosa che debba esser restituita; essa è esecuzione di prestazione che vien posta come condizione della nascita dell'obbligo alla contro-prestazione".[324]

Vê-se uma definição muito próxima dos contratos reais romanos, no qual a execução é que justificava a contrapartida.

---

[323] Gli autonomi nel diritto privato. *Scritti rainiori di Antonio Cicu*. Milão: A. Giuffrè Editore, 1965, v. 2, p. 293 e segs.

[324] Idem, p. 315.

Mais interessante, porém, é a afirmativa seguinte e que conclui o artigo. Segundo o autor, para haver uma congruência com a classificação como contrato real, estas relações deveriam ser unilaterais, mas agrega: "Se pertanto secondo la legge positiva il contratto automatico deve considerarsi unilaterale, ciò non esclude che esso possa contenere e generalmente contegna un rapporto sinallagmatico".[325]

Também aqui transparece que, apesar do enquadramento contratual na origem, o autor já dava, há mais de um século, diante de um fenômeno novo à época, ênfase à situação sinalagmática. Era a execução de uma prestação que justificava o surgimento da outra, sendo o recurso ao estado permanente de oferta e à aceitação das condições, um recurso a uma ficção. Trata-se apenas de acentuar o lado de transposição patrimonial em contrapartida à manifestação de vontade, o que justifica uma relação sinalagmática em um contrato originalmente real e que, segundo o próprio autor, deveria ser unilateral.

Desde as máquinas que despertaram o interesse de Antonio Cicu até hoje, muito se modificou no campo tecnológico e, atualmente, muitas relações contratuais são feitas em casa com uso do computador, sem que qualquer das partes saiba quem é o seu cocontratante, o que só aumenta a perplexidade que já surgia no início do século passado.

Tratando do consenso nos casos de computador, Alberto Maria Gambino, após examinar a posição de Cicu, afirma que no caso dos contratos eletrônicos a solução deve dar-se pela expectativa criada no outro contratante, pois incidiria a regra da boa-fé. E de fato, há uma diferença. Normalmente, na relação mantida via computador exige-se do adquirente uma participação mais ativa, na qual ele deve declinar uma série de dados e informações que vão demonstrando a sua interação do conteúdo do negócio, bem como demonstrando a formação de um consentimento (ainda que em muitos casos isto resulte em uma mera adesão, por suprimida a fase das tratativas, e por isso mereça a incidência de normas mais protetivas). De qualquer sorte, haveria os casos de incapazes lidarem com as máquinas e percorrerem todos os procedimentos, mas, ainda assim, permanecerem com deficiência volitiva.

Já nas aquisições por máquinas, "l'effetto cui mira l'utente appare essere (...) la trasmissione del bene stesso conseguente ad un vero e proprio intento pratico, che tuttavia dovrá essere protetto dal diritto".[326]

---

[325] Idem, p. 317.

[326] *L'accordo telematico*. Milão: A. Giuffrè Editore, p. 18.

4. O caso dos condomínios de fato

Uma terceira série de casos encontra-se na situação das associações prestadoras de serviços em condomínios e loteamentos. O Tribunal de Justiça do Rio de Janeiro teve a oportunidade de examinar alguns casos nos quais os fatos envolvidos foram basicamente os mesmos. Tratava-se de condomínios não instituídos regularmente ou de associações de moradores de determinadas ruas ou, ainda, de loteamentos não constituídos em condomínios verticais. Nestes agrupamentos de residências alguns moradores fundaram associações e começaram a contratar serviços de segurança privada, de limpeza e recolhimento de lixo e outros que, de caráter público, acabaram sendo assumidos por entidades privadas (muitas vezes à míngua do serviço prestado pelo ente que naturalmente devia prestá-lo). Os serviços acabavam beneficiando todos os moradores da área e eram custeados pela associação respectiva que, por sua vez, cobrava uma mensalidade dos habitantes do local.

Ocorre que nem todos os moradores participavam das associações e muitos recusavam-se a tanto. Quando as associações decidiram cobrar pelos serviços que, afinal, eram usufruídos pelos que não eram membros, acabaram encontrando resistência destes. Os litígios desembocaram no Judiciário.

Quando do exame dos processos, formaram-se duas correntes. De um lado estavam os que entendiam que (a) ninguém está obrigado a associar-se ou a manter-se associado, consoante dispõe a Constituição Federal no art. 5º, inciso XX. De igual sorte, (b) não havia regularidade registrária das associações, muitas das quais não estavam regularmente constituídas (inclusive alguns condomínios). Por fim, e fundamentalmente, (c) não haveria prova da adesão dos moradores à associação.

Este entendimento restou minoritário, e a corrente que se sagrou vencedora foi a que prestigiou a doutrina das relações contratuais de fato. Desde um pioneiro voto do Des. Nilton Mondego, no julgamento dos embargos infringentes nº 1999.005.00535, fixou-se que se tratava de típica relação contratual de fato. O voto vencedor nos embargos, após citar vários doutrinadores, entre os quais Mário Júlio de Almeida Costa e Orlando Gomes, invoca a posição do STJ nos casos dos estacionamentos, referindo, expressamente, o acórdão de lavra do Min. Ruy Rosado, antes citado, no qual é feita menção às relações contratuais de fato.

No voto resta afirmado que "fazendo a Associação de Moradores de determinada rua 'oferta' de prestação de serviços a todos aqueles, que, nela, residem, que é 'aceita', tacitamente, pela usufruição contínua daqueles serviços, que foram instituídos em benefício de toda a coletividade, dá-se, entre ambos, o que a doutrina moderna civilista denominou de Relação Contratual de Fato. Não obstante inexistir obrigatoriedade de participação em qualquer Associação, seja de que natureza for, em face da regra do artigo 5º, inciso XX, da Constituição Federal de 1988, todos aqueles que usufruem dos serviços necessários, por ela prestados, devem efetuar a respectiva contraprestação, pagando o respectivo preço".[327]

A mesma posição se deu em um caso de condomínio de fato, porque não regularmente constituído, no qual, invocando o precedente anteriormente referido, a 12ª Câmara Cível decidiu que: "Tendo o embargante adquirido imóvel em condomínio horizontal, em que as contribuições recebidas são integralmente revertidas em favor dos condôminos, com a prestação de serviços, inclusive de conservação, cabe a todos o pagamento de sua quota-parte, sob pena de haver enriquecimento ilícito por parte daquele que, sem pagar sua parte, usufrui dos serviços prestados à coletividade".[328]

Note-se que no primeiro caso há uma referência à "oferta" e à "aceitação", mas os termos vêm com aspas no próprio acórdão, como que para afirmar o caráter fictício do seu emprego, visto que a fundamentação realmente está posta no fato da utilização, do benefício que trouxeram, para o morador, os serviços onerosamente custeados pela associação ou pelo condomínio. A razão jurídica da obrigação está em que houve o deslocamento patrimonial representado pela vantagem auferida, de modo que o correspectivo ônus deve surgir. A relação fática está juridicizada porque há uma causa sinalagmática. O uso da expressão "relação contratual de fato" não minora a conclusão. Como se vem dizendo desde o capítulo anterior, o que "contratualiza" as referidas relações fáticas é justamente a causa sinalagmática. Desta surgem os efeitos contratuais embora não haja contrato.

A segunda decisão menciona que ocorreria um enriquecimento sem causa. De fato, haveria um acréscimo no patrimônio do morador que se recusava a pagar, em detrimento do patrimônio dos demais

---

[327] Rev. Direito do TJERJ, v. 45, p. 202, 6º Grupo de Câmaras Cíveis, votação unânime, julgamento em 15.12.1999.

[328] Apelação Cível nº 2000.001.05335, votação unânime, relator, Des. Alexandre H. Varella, julgamento em 08.08.2000. Noutro caso assemelhando, do mesmo relator, foram os embargos infringentes na Apelação Cível nº 1999.005.00444, julgado pelo 6º Grupo de Câmaras Cíveis, votação unânime, julgados em 15.12.1999.

que mantinham a associação. Nada obstante isto, ao contrário de uma situação indenizatória como seria abrangida pelo enriquecimento sem causa, há a formação de uma relação duradoura de efeitos contratuais na pendência da causa sinalagmática, vale dizer, enquanto estiver havendo a fruição da vantagem, haverá a obrigação de custeá-la.

Aliás, fica muito nítido que se trata do deslocamento patrimonial em outro julgamento, do mesmo relator do primeiro caso citado, o Des. Nilton Mondego. Na Apelação Cível nº 2000.001.13519,[329] diante, novamente, de uma associação que prestava segurança, a conclusão foi diversa porque não havia prova da fruição dos referidos bens. O relator, sempre entre aspas, refere a isto como falta de "aceitação" ("Não havendo, na espécie, prova da 'aceitação' tácita e nem de cobrança anterior das parcelas devidas, impõe-se a improcedência da cobrança"). Tanto que termina o voto alertando para que a parte demandada, se quisesse evitar de eventualmente dever a parcela, deveria manifestar-se, expressamente, no sentido de não querer usufruir da vantagem, declinando a proteção (e, certamente, não se valendo dos serviços).

Este terceiro grupo segue a mesma linha de raciocínio que se vem expondo (e sempre com votos vencidos e posições contrárias, face à natureza polêmica do próprio tema). A fonte da obrigação reside na valoração que o direito positivo (pela via jurisprudencial) faz dos casos de deslocamento patrimonial que engajam uma contraprestação de parte do outro envolvido que é, diretamente, beneficiado pela vantagem disputada.

A "vestimenta" que se dá a esta relação fática resulta da reciprocidade de ônus que as partes acabam por ter de desenvolver a fim de que se possa atuar a justiça comutativa, no sentido aristotélico que se vem explorando no tema.

5. A aplicação em relações contratuais

As consequências oriundas de tal fonte se desenvolvem fora do campo contratual (ou seja, apesar da ausência de contrato (*Vertrag*)), mas como uma relação contratual (*Vertragverhältniss*), pois verifica-se que a mesma estrutura sinalagmática está presente nos contratos onerosos. Isto se tentou demonstrar quando se referiu ao próprio conceito subjetivo de causa. Considerando um sistema como o brasileiro

---

[329] Publicada no Ementário 16/2001 – nº 04 – 24.05.2001, julgada pela 15ª Câmara Cível, em votação unânime, 11.10.2000.

– que não conhece a causa como elemento do contrato –, mesmo a ideia de causa subjetiva aparece validamente na explicação da permanência ou da manutenção da eficácia dos contratos. Aquele conceito subjetivo (causa como o fim perseguido, fim que repousava não na prestação, mas na execução da prestação), pode ser lido sob a faceta aqui propugnada. É que também nos contratos bilaterais a vinculação se mantém porque há um deslocamento patrimonial, que surge, é inegável, da declaração de vontade. A manutenção, entretanto, não decorre daquela vontade, mas sim porque se dá a troca efetivamente ambicionada.

Isto autoriza que se expliquem alguns institutos jurídicos pela perda da causa, no sentido de causa sinalagmática. A explicação é interna ao contrato e, portanto, a existência ou não da causa sinalagmática não poderá operar como fonte geradora da obrigação (que é o sustentado no capítulo anterior e demonstrado com os exemplos acima expostos). Apesar disto, ela pode funcionar como diagnóstico do caráter de reciprocidade que está presente nos contratos desta espécie. Aqui, ela passa a funcionar, propriamente, como causa da manutenção da obrigação. Uma causa mais objetiva do que a vontade e, portanto, igualmente mais sujeita ao controle do direito.

Alguns exemplos passam a ser examinados. Neles, dentro de uma situação contratual, algumas obrigações são mantidas ou reforçadas com base no mesmo raciocínio até agora exposto. São hipóteses nas quais, a rigor, a lei ou o próprio contrato podem conter previsões que, não fosse a ideia de reciprocidade, acabariam por eliminar obrigações ou, ao menos, minorá-las. Como antecipadamente anunciado, o número de julgados deste tipo é bem maior do que o cabível na hipótese anterior. Apesar disto, para manter-se um equilíbrio com os casos até agora analisados, faça-se um exame com exemplos.

6. O caso dos seguros do Sistema Financeiro de Habitação

Um primeiro grupo de casos foi o que versou sobre a contratação de seguro no âmbito do Sistema Financeiro da Habitação (SFH). A legislação que tratava do sistema (Lei n° 4.380/64) proibia a que um mutuário tivesse mais de dois imóveis em uma mesma localidade. Cada aquisição, por sua vez, compreendia, além do mútuo com garantia hipotecária, um seguro obrigatório que incluía a cobertura em caso de morte do mutuário-segurado. Nada obstante a existência de vedação legal à aquisição de mais de um bem imóvel, várias foram as aquisições feitas em violação à dita regra.

Note-se que a norma não previa uma sanção específica em caso de descumprimento, sendo de caráter genérico e enunciadora de um princípio do próprio sistema. Com o tempo, começaram a ocorrer óbitos entre os mutuários que tinham mais de um imóvel. Comunicado o sinistro, as seguradoras recusavam-se, sistematicamente, a pagar o seguro do segundo imóvel. A alegação residia no fato de que a norma do sistema vedava a segunda aquisição.

Quando os casos chegaram aos tribunais, as decisões valeram-se de vários argumentos para rechaçar a pretensão das seguradoras. Às vezes falava-se na ausência de sanção na regra referida (tratava-se do § 1º do art. 9º da Lei nº 4.380/64), que não cominaria qualquer vício ao pacto, sendo a regra destinada ao agente financeiro, e não aos mutuários-segurados e às seguradoras. Em outras oportunidades referia-se à boa-fé, pois o mutuário-segurado fiava-se em que a seguradora honraria o pacto.

Invariavelmente, porém, todas as decisões continham um fundamento que se fazia sempre presente. Residia no fato de que "se a seguradora recebeu o prêmio, como, na espécie, veio a receber, cabe-lhe agora, ocorrido o sinistro, cumprir a sua parte".[330]

As decisões que foram surgindo sobre o tema resultaram em verbete sumulado pelo Superior Tribunal de Justiça, que assumiu o número 31 e que diz: "a aquisição, pelo segurado, de mais de um imóvel financiado pelo sistema financeiro da habitação, situados na mesma localidade, não exime a seguradora da obrigação de pagamento dos seguros".

As várias manifestações dos ministros afirmam: "A seguradora recebeu prêmios e estava o seguro em vigor quando faleceu o segurado".[331] [332]

---

[330] Voto do Min. Nilson Naves, no julgamento do REsp. nº 2.582-RS, publicado na RSTJ 24/304.

[331] Voto do relator Min. Gueiros Leite no REsp. nº 2.582-RS, citado.

[332] Interessante passagem, sempre neste recurso especial, que parece ter sido o primeiro da série de precedentes que resultou na súmula, consta do voto do Min. Eduardo Ribeiro. Cogitava o julgador de uma eventual nulidade do contrato por ilicitude do objeto, haja vista que o art. 1.436 do CCB nulifica o contrato de seguro quando o risco relaciona-se a atos ilícitos do segurado. A dúvida foi afastada, pois segundo o voto, "Meditando sobre o tema, concluí que a hipótese não se subsume a essa previsão. O objeto do contrato, em si, não é ilícito. Trata-se de segurar um financiamento, um negócio normal". O excerto assume interesse porque permite distinguir o objeto da causa. Se o ordenamento previsto no Código de 1916 contivesse a figura da causa ilícita, tal qual o Código Francês, por exemplo, quiçá se pudesse cogitar de uma ilicitude do fim, em que pese a licitude do objeto. Hoje, o vigente Código Civil prevê figura que poderia resolver este problema, na nulidade por conta do motivo comum determinante ilícito (artigo 166, III). É bem verdade que a proibição legal, no caso do SFH, destinava-se ao contrato de financiamento em si, sendo o seguro mero pacto acessório, o que permitiria esse raciocínio mais diretamente vinculado ao financiamento.

Em outro acórdão, relator o Min. Waldemar Zveiter, está dito: "Ocorrido o sinistro, a morte do mutuário, cumpre à Companhia de Seguros adimplir sua obrigação, pois se cada seguradora recebeu o prêmio do seguro, cabe-lhe o compromisso de ressarcir o segurado pelo eventual risco, eis que tal avença é de natureza sinalagmática".[333]

Vê-se, portanto, que a tônica da prevalência da avença, em que pese a existência de norma, de ordem pública, proibitiva do negócio principal, residiu no caráter sinalagmático da relação. Durante longos anos de vigência do contrato de seguro, a seguradora sempre recebeu os prêmios mensais, com isto aproveitando-se da situação contratual. Quando demandada a cumprir com sua parcela, por força da reciprocidade que deve haver em tal relação (posto que aleatória, é bilateral perfeita), não pode esquivar-se, nem mesmo invocando a suposta nulidade do pacto, por fraude à lei.

É bem verdade que se poderia buscar outra causa de decidir para o caso no princípio da boa-fé. Este, como consabido, possui uma função mitigadora de certas posições contratuais vantajosas. Assim, entre outras figuras, está a do *tu quoque*, quer dizer, a vedação àquele contratante que pratica um ilícito de opor a prática do mesmo ilícito ao outro contratante como excludente da sua obrigação.[334]

Afora o fato das decisões não terem se apoiado na figura, pois centram como ponto básico a noção da sinalagmaticidade (recebeu os prêmios, deve desembolsar o seguro), tratando-se de norma de ordem pública, vinculando a um sistema com função social, como eram as normas do SFH, o caráter absoluto da regra levaria à nulidade, ainda que se determinando o retorno ao *status quo ante*, com a devolução dos prêmios.

A rigor, dos vários acórdãos consultados, há apenas uma breve menção, em voto do Min. Gueiros Leite, que diz: "a exigência de boa-fé é para ambas as partes...", mas a seguir, prossegue "...não podendo o segurador, *que aceitou o negócio e recebeu o prêmio*, alegar defeito..." (grifou-se).[335]

---

[333] REsp. n° 5.932-RS, publicado na RSTJ 33/323. Há vários outros acórdãos sobre o tema, estando, os mais relevantes, que fundamentaram a edição da súmula, publicados na RSTJ 33.

[334] Segundo MENEZES CORDEIRO. *Da Boa-fé...*, op. cit., v. 2, p. 836: "A fórmula *tu quoque* traduz, com generalidade, o aflorar de uma regra pela qual a pessoa que viole uma norma jurídica não poderia, sem abuso, exercer a situação jurídica que essa mesma norma lhe tivesse atribuído".

[335] Trata-se do REsp. n° 3.803-CE. Publicado no DJ de 17.12.1990, p. 15372.

7. O caso das quotas condominiais

Outro caso onde a correlação entre proveito e ônus foi valorizada se deu nas disputas condominiais envolvendo as edificações com lojas térreas. Aqui, os proprietários ou os responsáveis pelo pagamento das despesas condominiais de unidades situadas no térreo dos edifícios, por não participarem da utilização de certos equipamentos que se destinam aos ocupantes de unidades nos andares, invectivavam contra o rateio indiscriminado destas despesas. Assim, os elevadores, a água e a luz que só eram utilizados pelas outras unidades que não as térreas, acabavam por ser pagos, na proporção das frações ideais, também pelas lojas que não recebiam proveito.

A situação legal e contratual não era favorável aos condôminos reclamantes ante o artigo 12 da Lei 4.591/64 que determina que "cada condômino concorrerá nas despesas do condomínio, recolhendo, nos prazos previstos na convenção, a cota-parte que lhe couber no rateio", fixando como monte sobre o qual incide a participação, a generalidade das despesas. O § 1º do mesmo dispositivo remete as eventuais exclusões às determinações da convenção. Nos casos examinados em juízo, a convenção previa o rateio sem as minorações permitidas pelo § 1º citado.

Em julgamento da 17ª Câmara Cível do Tribunal de Justiça do Rio Grande do Sul,[336] os julgadores entenderam que a cobrança não poderia ser feita tomando por conta a totalidade das despesas, em que pese a cláusula da convenção que assim dispunha.

No voto do relator encontra-se a seguinte justificativa: "...entendo induvidoso que os autores não podem ser obrigados a arcar com os custos de serviços e a conservação de estruturas que, face a independência funcional da unidade de que são proprietários, jamais se utilizarão, sob pena de enriquecimento sem causa do condomínio. Do mesmo modo, porém, deve arcar com as despesas que de qualquer forma os beneficie, em razão do mesmo princípio".

Muito embora o voto invoque o princípio do enriquecimento sem causa, a rigor, não é disto que se trata. Causa, no sentido que a palavra é utilizada na expressão "enriquecimento sem causa", havia, tanto que a lei e a convenção estabeleciam a dita forma de cobrança. Para o fim de cobrar as despesas, a convenção, estribada na lei, é causa suficiente.

---

[336] Apelação Cível nº 598222404, relator o Des. Fernando Braf Henning Jr., julgada em 23.03.1999.

Na verdade, o fundamento para a não aplicação da convenção, legalmente estabelecida, residia na ausência de correspectividade entre o critério de cobrança e o que era efetivamente utilizado pelas unidades em questão. Nitidamente é a causa sinalagmática que, não estando presente no caso concreto, importou em uma nova configuração para a relação condominial estabelecida. Não se tratava, também, como seria no enriquecimento sem causa, de indenizar um valor mal havido, mas de regrar situações anteriores e vindouras, em uma relação continuativa, para que esta se estabelecesse sobre bases recíprocas.

Curioso neste acórdão é que a tese dos demandantes alicerçava-se no fato de que eles vinham, há 25 anos, contribuindo com parcela menor, e que a convenção condominial posterior é que modificara a situação fática. Examinando este argumento, o acórdão rejeitou-o, corretamente. O fundamento para a rejeição está em que aos condôminos a lei faculta estabelecer o critério de rateio, e este é devido conforme a convenção que pode alterar a situação concreta forte nos dispositivos legais que a embasam. A dispensa, no caso concreto, fora objeto de acordo entre os proprietários e o incorporador do prédio. A decisão afirmou que isto não gerava direito adquirido aos seus destinatários, eis que inoponível aos terceiros (no caso, os demais condôminos) e também porque a ausência de pagamento nos últimos 25 anos apenas os fazia devedores do período não acobertado pela prescrição.

Realmente, não haveria como adquirir direito contra a lei e nem se tratava de aplicar o princípio da boa-fé, em outra das suas funções mitigadoras, no caso, o *venire contra factum proprium*, pois os atos ensejadores da benesse para os proprietários da loja térrea não haviam sido praticados pelos condôminos, e sim, pelo incorporador. Para que a vedação do *venire contra factum proprium* possa ser aplicada é necessário que o ato gerador da situação vantajosa tenha se originado por um agir daquele que quer ver desfeita esta posição, de modo a que se esteja voltando sobre os próprios passos.[337]

Em outro acórdão, afirmando a mesma posição, a 5ª Câmara Cível do extinto Tribunal de Alçada do Rio Grande do Sul, invoca não

---

[337] A doutrina que trata do princípio da boa-fé reconhece, como função mitigadora de posições contratuais, além do já citado *tu quoque*, o *venire contra factum proprium* (ao lado das figuras da *supressio* e da *surrectio*). O *venire* (ou teoria dos atos próprios) é assim definido por AGUIAR JR., Ruy Rosado de. *Extinção...*, op. cit., p. 248-249: "a proibição de venire contra factum proprium protege uma parte contra aquela que pretenda exercer uma posição jurídica em contradição com o comportamento assumido anteriormente. Depois de criar uma certa expectativa, em razão da conduta seguramente indicativa de determinado comportamento futuro, há quebra dos princípios de lealdade e de confiança se vier a ser praticado ato contrário ao previsto, com surpresa e prejuízo à contraparte".

mais a ideia de enriquecimento sem causa, mas o princípio da equidade. Disse o relator: "Embora a convenção não estabeleça a desvinculação das lojas referentes ao rateio das despesas as quais ela não se beneficia, pelo princípio da equidade e tendo em vista a comprovação de que possuem hidrômetro independente, é de se determinar que seja excluída do pagamento dos valores sob tal designação".[338]

Com certeza, a atividade que mitigou a disposição convencional procedeu de forma a tornar mais equânime a relação, porém também o fundamento parece ser o que aqui se expõe como causa sinalagmática, tanto que outras despesas, das quais a loja se beneficiava, foram mantidas. Era o caso da faxineira que varria, todos os dias, as calçadas. Muito embora a loja tivesse uma faxineira própria que realizava este serviço duas vezes por semana, o acórdão entendeu que "há benefício das lojas nos outros dias em que a sua faxineira não trabalha, daí dever participar deste rateio".

Sobre o tema já se manifestou o Superior Tribunal de Justiça seguindo a mesma linha antes exposta. O acórdão, de lavra do Min. Eduardo Ribeiro, apoia-se na ideia de enriquecimento sem causa bem como a regra do art. 5º da Lei de Introdução ao Código Civil, buscando uma interpretação teleológica dos dispositivos da lei de condomínios e incorporações.[339]

Muito embora haja a referência ao suposto enriquecimento sem causa, o próprio texto do acórdão menciona que a existência de causa no sentido de justificar o enriquecimento não seria aplicável ante a inutilidade da contribuição. Assim, expressou-se o voto: "Consigno, ainda, que a doutrina, de modo geral, ressalva a possibilidade de a cobrança ser obrigatória, se assim dispuser, expressamente, a convenção de condomínio. Mesmo em tal hipótese tenho como passível de dúvida essa obrigatoriedade, estando a depender do caso concreto".

---

[338] Apelação Cível nº 195127691, relator o então Juiz de Alçada, depois Des. Jasson Ayres Torres, julgamento ocorrido em 07.12.1995. Aliás, a jurisprudência do antigo Tribunal de Alçada era maciça neste sentido, como se vê da citação, neste acórdão, de outros precedentes, tais como as Apelações Cíveis nºs 192148997, 192118933, 193178555 e 195056080. Todas essas decisões encontram-se no "site" do Tribunal de Justiça <http://www.tj.rs.gov.br>.

[339] REsp. nº 164.672-PR, julgado em 04.11.1999, publicado na RST 128/256. Disse o relator: "A interpretação do artigo 12 da Lei 4,591/64 há de ter em conta os princípios gerais de direito. Especificamente para a espécie, o que veda enriquecimento sem causa. A aplicação, em termos literais do que se contém naquele dispositivo poderia conduzir a conclusão contrária à que se expõe. Não se espera, entretanto, que os tribunais se limitem a entender o texto da lei, tal como se apresente isoladamente e em sua expressão literal (...) Não se deverá exigir que determinado condômino arque com o pagamento de despesas relativas a utilidades ou serviços que não têm, para ele, qualquer serventia, não porque deles não queira utilizar-se, mas em virtude da própria configuração do edifício. É o que sucede com os elevadores, em relação a loja situada no andar térreo".

Ora, a expressa previsão na convenção funciona como causa justificadora do enriquecimento. O que o acórdão acaba por dizer, na realidade, é que, independentemente da causa convencional, sobrepõe-se a causa sinalagmática, de modo que não havendo esta, aquela não poderá operar todos os seus efeitos.

Dois outros precedentes do STJ[340] tratam do tema de forma diversa por entenderem que, havendo definição na convenção acerca da distribuição dos encargos, então não haveria como excluir-se o condômino, ainda que não fizesse uso do serviço ou bem remunerado. Estes acórdãos seguem a linha de anterior precedente do Supremo Tribunal Federal assim ementado: "Edifício em condomínio. Loja térrea. Despesas gerais. A loja térrea com acesso a via pública não está sujeita às despesas gerais relacionadas com o uso dos apartamentos, salvo se existe uma convenção dispondo de outra forma, aprovada por titulares de direitos que representem, no mínimo, 2/3 das frações ideais que compõem o condomínio, pois prevalece, e obriga, a cláusula inserta na convenção, mormente se a loja não conta com ligação direta aos serviços de utilidade pública, tais como água, esgoto, luz etc. Recurso extraordinário de que se não conhece".[341]

Esta posição, portanto, é contrária à que aqui se expôs.

8. O caso da devolução da matrícula

Ainda se pode referir, para finalizar os exemplos no campo contratual, acórdão da 1ª Câmara Cível do 1º Tribunal de Alçada Cível de São Paulo, no qual se discutia o direito de estudante que abandona o curso no início deste de receber o valor da matrícula de volta. Segundo a instituição de ensino, o valor era devido porque os serviços foram disponibilizados à estudante (inclusive, poderia se agregar, tirando a vaga de outro candidato). Ademais, haveria cláusula contratual prevendo a perda do valor em caso de desistência fora das hipóteses contratualmente previstas. O fundamento do acórdão foi o de invalidar a cláusula por entendê-la abusiva. Apesar deste fundamento, a certa altura está dito: "A não devolução deste valor caracteriza enriquecimento ilícito por parte da apelante, o que é vedado pelo ordenamento

---

[340] Trata-se do REsp. nº 144.619-SP, publicado na RT 777/228, relator Min. Sálvio de Figueiredo Teixeira, e do REsp. nº 61.141-GO, publicado no DJ de 04.11.1996, p. 42.470, cuja íntegra está no "site" do STJ, <http://www.stj.gov.br>.

[341] RExt. nº 96.606/RJ, publicado na RTJ 102/860.

e a alegação de quebra do contrato pela apelada também é afastada por não ter existido efetivo início das aulas".[342]

O uso da ideia de cláusula abusiva para invalidar a cláusula contratual afasta a ideia de enriquecimento sem causa pois, a princípio, a existência do contrato supriria a suposta ausência de cláusula. Igualmente, a cláusula abusiva ocorre quando, por meio dela, outorga-se vantagem exagerada e fora do contexto que a boa-fé impõe aos contratantes. No caso, o fato do estabelecimento de ensino deixar de chamar algum aprovado no vestibular para dar lugar à estudante que desiste justificaria a cobrança, pois disponibilizou-se o serviço. A *ratio decidendi* que mais parece se adequar ao caso é o fato de que, efetivamente, como não houve o início da prestação, ou seja, não houve a vantagem patrimonial que a estudante poderia ter, não haveria a necessidade de correspectivo.

Aliás, outro precedente invocado no acórdão[343] que ora se comenta encaminha-se nesta linha. O fundamento foi posto no prazo de reflexão dando o início das aulas como ponto de partida do lapso de sete dias do art. 49 do Código de Defesa do Consumidor (a hipótese do prazo de reflexão é de ser afastada; para que se possa falar em incidência própria deste dispositivo há de se ter a captação do consentimento fora do estabelecimento do fornecedor, o que não ocorre no caso concreto). Na verdade, o que mais ressalta no precedente invocado (e é o que sustenta o caso em exame) é a não prestação do serviço ou a pouca duração do mesmo.

Em não havendo a efetiva prestação, porque imediatamente retirado o consentimento, não haveria deslocamento patrimonial (prestação do serviço educacional) que justificasse a recíproca (manutenção do pagamento do preço). Mais do que enriquecimento sem causa (pois a causa aqui mencionada poderia residir no próprio contrato), mais do que hipótese de cláusula abusiva (eis que não estaria agindo contra a boa-fé – em sentido objetivo – a instituição), mais do que cogitar do prazo de reflexão (que efetivamente não se aperfeiçoa), o fundamento do acórdão poderia residir na falta de causa sinalagmática.

---

[342] Apelação cível em processo sumário n° 900.920-5, relator Juiz Edgard Jorge Lauand, publicado na RT 784/269.

[343] O precedente citado está assim ementado: "Ensino – Faculdade – Desistência do curso – Devolução do valor referente a (*sic*) matrícula – Admissibilidade – Inteligência do art.49, c/c 47 do CDC – Prazo de sete dias – Contagem a partir do início das aulas, ou seja, da prestação do serviço – Retenção que caracteriza enriquecimento ilícito – Embargos rejeitados". O acórdão surgiu no bojo dos Embargos Infringentes n° 198.603-1, da 8ª Câmara Cível do TJSP.

9. Conclusão do capítulo

Os casos narrados e examinados no presente capítulo demonstram que a ideia de causa sinalagmática se encontra acolhida no ordenamento positivo como sendo uma fonte de obrigações. Nos casos examinados em que não há outra fonte, reconhece-se o vínculo, a partir da noção de sinalagma, como exposta no capítulo anterior. As situações abrangidas acabam gerando circunstâncias paracontratuais de modo que as consequências se aproximam de uma relação oriunda de fonte contratual. Nada obstante, não parece ser a simples semelhança que gera a obrigatoriedade, nem tampouco o fato de um contrato perder a sua validade por algum defeito ou, ainda, por lhe faltar algum requisito formal. O motor da vinculatividade parece ser o deslocamento patrimonial a impor uma reciprocidade patrimonial alheia, tal qual se compreende, aqui, o conceito de causa sinalagmática.

Por outro lado, em situações contratuais, muitas vezes a manutenção das obrigações nascidas da declaração de vontade carecem de justificativa se apoiadas na fonte que lhe deu origem (seja porque esta eventualmente possa contrariar a lei ou o contrato, seja porque, seguindo-se à risca a determinação legal ou contratual, os resultados seriam distintos dos adotados). A manutenção ou a minoração da obrigação também reside no fato da sinalagmaticidade que está presente nas relações contratuais versadas. A presença ou a manutenção da relação de reciprocidade, nesses casos, funciona como continuidade da relação que nasceu da declaração de vontade, mas que cede, a certa altura, em favor do deslocamento patrimonial.

Conclusão

A hipótese de que se partiu para a elaboração deste trabalho foi a de que, nas relações contratuais bilaterais, pode-se vislumbrar uma estrutura sinalagmática que, absorvida pela importância que o consentimento assumiu como fonte geradoras das obrigações contratuais, foi perdendo relevo ao longo do tempo.

Nada obstante isto, sempre esteve presente a equação sinalagmática representando um fator que, em muitas oportunidades, poderia passar à frente da vontade. Pretendeu-se demonstrar que essa estrutura possa ser transposta para outras relações nas quais não se possa identificar um contrato ou um ato ilícito, mas, mesmo assim, surjam obrigações para as partes envolvidas.

Assim, a noção de sinalagma desempenharia duplo papel. Nas relações contratuais serviria como justificativa para (a) a manutenção da relação contratual originada pela vontade, sempre que o sinalagma permanecesse presente na fase funcional; para (b) a mitigação desta relação, quando desaparecesse ao longo da execução do contrato; ou, até mesmo, para (c) reestruturar a relação contratual em determinados casos.

Naquelas relações assemelhadas aos contratos, mas a eles irredutíveis, que se vêm denominando de relações paracontratuais (na esteira da linguagem de Antônio Junqueira de Azevedo), o papel do sinalagma recobraria a função que perdeu para o consentimento. Aqui, a relação de deslocamento patrimonial efetivada, ou prometida, por uma das partes, teria o condão de gerar obrigações recíprocas.

Para demonstrar a tese, entendeu-se necessário um exame da presença desta noção de sinalagmaticidade ao longo da história. Essa pesquisa tinha duplo significado. Primeiro, ver se efetivamente se detectava a ideia. Segundo, averiguar se, de fato, o consentimento havia mitigado tanto a noção, de modo a torná-la inservível como justificativa das relações paracontratuais.

A análise do direito romano levou a uma primeira conclusão: a noção de sinalagma desempenhava função muito próxima da que aqui se busca. Ante a rigidez do sistema contratual, o modo de açambarcar as situações assemelhadas aos contratos impulsionou a formação de novos tipos contratuais que iam se formando com base na reciprocidade das prestações.

As passagens utilizadas (nas quais se refere expressamente a sinalagma) de Labeão e de Aristão podem ser examinadas em paralelo com a dupla função que se quer dar à causa sinalagmática. Enquanto Labeão tomava como parâmetro os contratos consensuais para aplicar sua estrutura a casos duvidosos, Aristão relevava a situação fática do deslocamento para, a partir dela, justificar o reconhecimento, pelo ordenamento, de determinadas condutas.[344]

Durante o período da recepção do direito romano, a paulatina inserção da ideia de consentimento foi deslocando a regra do sinalagma para dizer que a "veste" jurídica dos pactos era a simples manifestação do consentimento. Com isto, a causa passa para segundo plano, mas, ainda assim, encontram-se alguns conceitos que remanescem, de modo a ver-se uma modificação da função desempenhada por ela.[345]

Esse declínio, entretanto, não impediu que a causa viesse a figurar no Código Civil francês, diploma consolidador da supremacia do consentimento. Essa incorporação fez-se de forma a modificar a ideia e, de certa forma, desvinculá-la da noção de sinalagma. A consolidação da teoria da causa por J. Domat reforçou o aspecto subjetivo da noção, ligando-a intimamente ao consentimento e praticamente afastando a ideia de reciprocidade. Mesmo nos contratos bilaterais, ao dizer que a causa da obrigação de um era a obrigação de outro, não se fixava o rumo no sinalagma. Ao menos, a doutrina que se debruçou sobre o tema no direito francês, logo após a codificação, procedeu assim.

Na *common law*, conceito por vezes assemelhado ao de causa encontra-se na *consideration*. Apesar de não ser possível traçar uma identidade entre os institutos, a *consideration* é o que traduz, com os seus elementos formadores (*benefit – detriment – bargain*), uma relação de reciprocidade latente em sistema tão diverso do romano-germânico.[346]

Quando se fez o exame dogmático do direito francês verificou-se que a parcial modificação da teoria clássica da causa, pelo aco-

---

[344] Vide, em especial, n° 4, do capítulo I.

[345] O que se fez no capítulo II.

[346] Esta a finalidade do capítulo III.

lhimento das ideias manifestadas, como parâmetro, por H. Capitant, manteve a causa vinculada ao fim, mas como um fato diverso do consentimento.

A teoria de H. Capitant permite distinguir, nitidamente, a diferença entre a formação do contrato e a sua execução, tendo alargado a abrangência da causa para este último momento.

Esta ideia, em sistema não causalista (ao menos de forma positivada na lei, como o brasileiro), explica-se pela relação sinalagmática. Na medida em que a causa não é elemento, nem requisito do contrato, ela pode pôr-se como fator de eficácia. Esse fator consistiria, justamente, na relação de reciprocidade das prestações.

Ao admitir-se isto, tronou-se possível o exame de alguns institutos contratuais cuja explicação encontra-se na reciprocidade, aqui dita causa sinalagmática.[347] Com isto atingiu-se o primeiro ponto acima referido. Mesmo nos contratos que inegavelmente têm origem em fonte obrigacional volitiva, vislumbrou-se a existência de um fator de eficácia (que pode manter o contrato vigente, extingui-lo ou modificá-lo).

O recurso é tão necessário que mesmo em sistema no qual a noção de causa é indiscutivelmente objetiva fazem-se críticas à pouca abrangência do conceito e se reaviva figura jurídica que acaba, de certa forma, desempenhando, no campo contratual, o papel da causa subjetiva, tal qual na doutrina de Capitant. Na Itália, a supremacia do conceito objetivo de causa como função não impediu que se sentisse a necessidade de buscar na teoria da pressuposição um complemento à ideia de causa como função econômico-social.[348]

Para fugir à extrema subjetividade do conceito, a doutrina que aceita a ideia de pressuposição acabou por socorrer-se do caráter sinalagmático da troca como critério mensurador da admissibilidade da pressuposição.

Tudo isto conduziu à comprovação da permanência do sinalagma como fator de eficácia nos contratos.

O segundo passo foi a transposição para as relações paracontratuais. Aqui, muda a função desempenhada pela causa sinalagmática que passa a ser a própria fonte geradora da obrigação. As várias doutrinas que se preocuparam com o tema (que podem, genericamente, ser tratadas como pertinentes às relações contratuais de fato) mais o

---

[347] Exame levado a cabo nos n°s 11 a 15 do capítulo IV.

[348] Cujo exame se procedeu no capítulo V, n°s 6 a 8.

constataram do que explicitaram o seu fundamento. Daí que se buscasse a relação sinalagmática como fato gerador da obrigatoriedade.[349]

A noção de sinalagma, tomado no sentido que dele se vale Aristóteles e como meio de realização da justiça comutativa, parece ser o fundamento suficiente para que certas relações se tornem obrigatórias, ensejando o surgimento de uma relação paracontratual.[350] Nesta, o desenvolvimento se assemelha ao das relações contratuais, mas a fonte de seu surgimento não é contratual.

Tudo isto, entretanto, deveria demonstrar ter utilidade prática e real. De nada adiantaria explicar-se algo teoricamente se a explicação não encontrasse ressonância na realidade do direito vivo. Para obter a comprovação da utilidade do tema e da razoabilidade da explicação é que foram pesquisadas decisões judiciais que pudessem ser justificadas pela causa sinalagmática desenvolvida ao longo do trabalho.

Deste trabalho pode-se afirmar, então, que, diante do aparecimento de uma série de situações fáticas, que dia a dia vão se avolumando, verifica-se a existência de relações que importam em deslocamentos patrimoniais. Esses deslocamentos não estão justificados pela existência de um contrato ou de um ato ilícito. Nada obstante, têm sido tratados como originadores de obrigações.

O fundamento para esta obrigatoriedade está no que aqui se chamou de causa sinalagmática. A necessária compensação do patrimônio minorado se deve a uma reciprocidade que permeia as relações patrimoniais. Esta compensação serve não só para recompor o patrimônio alheio, mas como para deflagrar uma verdadeira relação obrigacional.

O esforço do trabalho, portanto, é o de servir de justificativa para esta gama de situações que acabam mostrando uma certa insuficiência das fontes tradicionais das obrigações.

Bem demonstra esta preocupação artigo de Natalino Irti que serve de conclusão para este trabalho. Diz o autor que o ritmo moderno da tecnologia tem transformado a realidade contratual a ponto de se poder falar de "Scambi senza accordo".[351] E diz, ainda, que a perda do papel relevante do acordo passa a ser substituído por um regime de proteção às trocas no mercado.

---

[349] O exame foi feito no capítulo VI, n°s 1 a 4.

[350] O que se tentou mostrar no capítulo VI, n°s 5 a 8.

[351] Este é o título do artigo, publicado na *Rivista Trimestrale de Diritto e Procedura Civile*, 1998-1, p. 347-364.

Nestas trocas, certamente o papel da reciprocidade será o garantidor do equilíbrio das relações que surjam, de modo a se preservar o que era a própria justificativa do sinalagma: ser meio de garantir a justiça comutativa.

Obras consultadas

ABRANTES, José João. A Excepção de Não Cumprimento do Contrato no Direito Civil Português – Conceito e Fundamento. Coimbra: Almedina, 1986.

AGUIAR JR., Ruy Rosado de. Extinção dos Contratos por Incumprimento do Devedor (Resolução). Rio de Janeiro: AIDE, 1990.

ALMEIDA, Carlos Ferreira de. *Texto e Enunciado na Teoria do Negócio Jurídico*. Coimbra: Almedina, 1992, v. I.

ALMEIDA COSTA, Mário Júlio. *Direito das Obrigações*. 6. ed. Coimbra: Almedina, 1994.

ALPA, Guido. Atto di liberalitá e motivi dell'attribuzione. *Rivista Trimestrale di Diritto e Procedura Civile*, 1972/1/354.

———. Causa e contratto: profilli attuali. *Causa e Contratto nella Prospettiva Storico-Comparatistica*. Turim: G.Giappichelli Editore, 1997.

ALVIM, Agostinho. Da Inexecução das Obrigações e suas Conseqüências. São Paulo: Saraiva, 1949.

ARANGIO RUIZ, Vicenzo. *Instituciones de Derecho Romano*. Reimpressão da 1. ed. Argentina. Buenos Aires: Depalma, 1973.

ARISTÓTELES. *Ética a Nicômacos*. 3. ed. Brasília: Editora UNB, 1999.

ARNAUD, André-Jean. Les origines doctrinales du code civil français. Paris: LGDJ,1969.

ASSIS, Araken de. *Resolução do Contrato por Inadimplemento*. 2. ed. São Paulo: RT, 1994.

ATIYAH, P. S. *An Introduction to the Law of Contracts*. 5. ed. Oxford: Clarendon Press, 1996.

AUBRY et RAU. *Cours de droit civil français (d'aprés la méthode de Zacharie)*. 5. ed. Paris: Imprimérie Générale de Jurisprudence, 1902, t. IV.

AZEVEDO, Antônio Junqueira de. *Negócio Jurídico. Existência, Validade e Eficácia*. 2. ed. São Paulo: Saraiva, 1986.

———. *Negócio Jurídico e Declaração Negocial (Noções Gerais e Formação da Declaração Negocial)*, tese no concurso para a cátedra de direito civil na Faculdade de Direito do Largo de São Francisco, USP, 1986.

BÄRMANN, Johannes. Pacta sunt servanda. Considérations sur l'histoire du contrat consensuel. *Revue Internationale de Droit Comparé*, 1961/1/18.

BARROS MONTEIRO, Washington de. *Curso de Direito Civil – Parte Geral*. 35. ed. São Paulo: Saraiva, 1997.

BART, Jean; PETITJEAN, Michel. L'influence du droit romain en Bourgogne. *IRMAE*, Pars V, 4, 'e', 1976.

BAUDRY-LACANTINERIE, G.; BARDE, L. *Traité théorique et pratique de droit civil – des obligations*. 3. ed.Paris: Librairie de la Société du Recueil J. B. Sirey, 1906, t. I.

BELLOMO, Manlio. Negozio giuridico (dir. interm.). *Enciclopedia del Diritto*, v. XXVII.

BESSONE, Mário. *Adempimento e rischio contrattuale*. Milão: A. Giuffrè Editore, 1969.

BETTI, Emílio. Causa del negozio giuridico. *Novissimo Digesto Italiano*. Turim: UTET, 1964, v. III, p. 32.

——. Sui cosidetti rapporti contrattuali di fatto. *JUS, Rivista di Scienze Giuridiche*, 1957, fascículo III/353 .

——. *Teoria General de las Obligaciones*. Madri: Editorial Revista de Derecho Privado, 1970, t. II.

——. *Teoria Geral do Negócio Jurídico*. Coimbra: Coimbra Editora, 1969, t. I.

BIONDI, Biondo. Reminiscenze ed esperienze romanistiche in tema di contratto moderno. *Studi in Onore de Francesco Messineo per il suo XXXV anno d'insegnamento*. Milão: A. Giuffrè Editore, 1959, v. 1.

BITTAR, Carlos Alberto. *Direito dos Contratos e dos Atos Unilaterais*. 1. ed. Rio de Janeiro: Forense Universitária, 1990, nº 13.

BITTAR, Eduardo C. B. *A Justiça em Aristóteles*. Rio de Janeiro: Forense Universitária, 1999, p. 94.

BONFANTE, Pietro. Il contratto e la causa del contratto. *Rivista di Diritto Commerciale*, 1908/115.

——. Il contratto e la causa del contratto. *Scritti Giuridici Varii –Obbligazioni, Comunione e Possesso*. Turim: UTET, 1921.

——. Sui 'contractus' e sui 'pacta'. *Scritti Giuridici Varii – Obbligazioni, Comunione e Possesso*. Turim: UTET, 1921.

——. Sulla genesi e l'evoluzione del 'contractus'. *Scritti Giuridici Varii – Obbligazioni, Comunione e Possesso*. Turim: UTET, 1921.

BOYER, Laurent. Le droit romain dans les pays du centre de la France. *IRMAE*, Pars V, 4, d, 1977.

BOYER, Louis. La notion de transaction – Contribution à l'étude des concepts de cause et d'acte déclaratif. Paris: Librairie du Recueil Sirey, 1947.

BRIAN SIMPSON. A. W. *A History of the common law of contract*. Oxford: Clarendon Press, 1996.

BROGGINI, Gerardo. Causa e Contratto. *Causa e contratto nella prospettiva storico-comparatistica*. Turim: G. Giappichelli Editore, 1997.

BUCKLAND, W.W.; MCNAIR, Arnold D. *Derecho Romano y Common Law*. Madri: Fundacion Seminario de Derecho Romano Ursicino Alvarez, 1994.

CALAMARI, John D.; PERILLO, Joseph M. *Contracts*. 3. ed. St. Paul, Minnesota: West Publishing Co., 1987.

CALASSO, Francesco. *Il Negozio Giuridico*. 2. ed. Milão: A. Giuffrè Editore, 1967.

——. *Medio Evo del Diritto*. Milão: A. Giuffrè Editore, 1954, v. I.

CAMPOS FILHO, Paulo Barbosa de. *O Problema da causa no Código Civil Brasileiro*. São Paulo: Max Limonad, 1946.

CAPITANT, Henri. *De la cause des obligations*. 3. ed. Paris: Librairie Dalloz, 1927.

CAPPELINI, Paolo. Negozio Giuridico (Storia). *Digesto della Discipline Privatistiche – Sezione Civile*. Turim: UTET, 1995, v. XII.

CARBONNIER, Jean. *Droit civil 4/Les obligations*. 19. ed. Paris: Presses Universitaires de France – Puf, 1995.

CARRESI, Franco. *Trattato di Dirito Civile e Commerciale – Il Contratto*. Milão: A. Giuffrè Editore, 1987, v. XXI, t 1.

CARVALHO SANTOS, J. M de. *Código Civil Brasileiro Interpretado*. 6. ed. Rio de Janeiro: Livraria Freitas Bastos S/A, 1954, v. XV.

CASSOTANA, Marco. Causa ed 'economia' del contratto: tendenza dottrinale e modelli di sentenza. *Rivista Trimestrale di Diritto e Procedura Civile*, 1979-2/813.

CASTRO Y BRAVO, Frederico de. *El Negocio Juridico*. Madri: Editorial Civitas S/A, 1991.

CASTRO, Torquato de. *Da Causa no Contrato*. Recife: Imprensa Universitária, 1966.

CHEVRIER, Georges. *L'Histoire de la cause dans les obligations*. Paris: Recueil Sirey, 1929.

——; PIERI, Georges, La loi romaine des Burgondes. *IRMAE*, Pars I, 2, baag, 1969.

CICU, Antonio. Gli autonomi nel diritto privato. *Scritti miniori di Antonio Cicu*. Milão: A. Giuffrè Editore, 1965, v. 2.

CORREIRA, Alexandre; SCIASCIA, Gaetano. *Manual de Direito Romano*. 4. ed. São Paulo: Saraiva, 1961, v. I.

COUTO E SILVA, Clóvis Veríssimo do. *A Obrigação como Processo*. São Paulo: José Bushatsky Editor, 1976.

CRISCUOLI, Giovanni. Causa e consideration o della loro incomunicabilità. *Causa e Consideration*. Pádua: Cedam, 1984.

D'ORS, Alvaro. *Derecho Privado Romano*. 3. ed., Pamplona: Ediciones Universidad de Navarra, 1977.

DABIN, Jean. *La Teoria de la Causa*. 2. ed. Madri: Editorial Revista de Derecho Privado, 1955.

DALLA MASSARA, Tommaso. *Alle Origini Della Causa del Contratto*. Pádua: CEDAM, 2004.

DATTILO, Giovanni. Tipicità e realtà nel diritto dei contratti. *Rivista di Diritto Civile*, 1984/3/772.

DAVID, René. *Os Grandes Sistemas de Direito Contemporâneos*. São Paulo: Martins Fontes, 1986.

DE LOS MOZOS, Jose Luis. Causa y tipo en la teoria general del negocio juridico. *El Negocio Juridico (Estudos de Derecho Civil)*. Madri: Editorial Montecorvo S/A, 1987.

——. La renovación dogmatica del concepto de 'causa' del negocio en Emilio Betti y su recepcion en la doctrina española. *El Negocio Juridico (Estudos de Derecho Civil)*. Madri: Editorial Montecorvo S/A, 1987.

DÉFOSSEZ, Michel. Réflexions sur l'emploi des motifs comme cause des obligations. *Revue Trimestrielle de Droit Civil*, 1985/521.

DEMOLOMBE, C. Traité des contrats ou des obligations conventionelles em général. Paris: Imprimérie Générale, 1877, t. I.

DESPOTOPOULOS, Constantin. La notion de synallagma chez Aristote. *Archives de Philopsophie du Droit*, n° 13/115.

DIDIER, Philippe, Le droit romain dans la region dauphinoise. *IRMAE*, Pars V, 4, 'f', 1979.

DIKOFF, L. Les actes juridiques abstraits et le code civil français. *Revue Trimestrielle de Droit Civil*, 1932/327.

DUALDE, Joaquín. Concepto de la Causa de los Contratos (La Causa es la Causa). Barcelona: Bosch, Casa Editorial, s/d.

FERRI, Giovanni Batista. Ancora in tema di meritevolezza dell'interesse. *Rivista di Diritto Commerciale*, 1979/1.

——. *Causa e Tipo nella Teoria del Negozio Giuridico*. Milão: A. Giuffrè Editore, 1966.

FERRIGNO, Lucia. L'uso giurisprudenziale del concetto di causa del contratto. *Contratto e impresa*, 1985 – 1/113, pág. 120.

FLUME, Werner. *El Negocio Juridico. Parte General del Derecho Civil*. 4. ed. Madri: Fundación Cultural del Notariado, 1992, t. II.

FRANCESCHELLI, Remo. Causa e Consideration nel Diritto Privato Italiano e Anglosassone. *Causa e Consideration*. Pádua: Cedam, 1984.

——. Premesse generali per uno studio dei rapporti di fatto. *Rassegna di Diritto Civile*, 1981/662.

FRIED, Charles. *Contract as promise*. Harvard University Press, 1981.

FRISSON-ROCHE, Marie-Anne. Remarques sur la distinction de la volonté et du consentement em droit des contrats. *Revue Trimmestrielle de Droit Civil*, 1995/3/573.

GALGANO, Francesco. Crepuscolo del negozio giuridico. *Contratto e Impresa*, 1987/733.

——. *El Negocio Jurídico*. Valencia: Tirant lo Blanch, 1992.

——. Negozio giuridico (dottrine gen). *Enciclopedia del Diritto*, v. XXVII.

GALLO, Fillipo. *Synallagma e Conventio nel Contratto*. Turim: G. Giappichelli Editore, 1992.

GAMBINO, Alberto Maria. *L'accordo telematico*. Milão: A. Giuffrè Editore.

GANGHOFFER, Roland; LEVRESSE, Pierre. Le droit romain en Alsace. *IRMAE*, Pars V, 4, 'g', 1977.

GAUDEMET, Eugene. *Théorie générale des obligations*. Reimpressão da publicação de 1937. Paris: Sirey, 1965.

GETE ALONZO Y CALERA, Maria del Carmen. *Estructura y Función del Tipo Contractual*. Barcelona: Bosch, Casa Editorial, 1979.

GHESTIN, Jacques. Jean Domat et le code civil français. *Scritti in Onore de Rodolfo Sacco*. Milão: A. Giuffrè Editore, 1994, t. I.

——. Traité de droit civil. Les obligations: le contrat: formation. 2. ed. Paris: LGDJ, 1988.

GOMES, Luiz Roldão de Freitas. *Contrato*. Rio de Janeiro: Renovar, 1999.

GOMES, Orlando. Distinção entre negócio jurídico e ato jurídico. *Transformações gerais do direito das obrigações*. 2. ed. São Paulo: RT, 1980.

——. *Contratos*. 10. ed. Rio de Janeiro: Forense, 1984.

——. *Introdução ao Direito Civil*. 12. ed. Rio de Janeiro: Forense, 1996.

GORDLEY, James. *The Philosophical Origins of Modern Contract Doctrine*. 1. ed., 1. reimp. Oxford: Clarendon Press, 1992.

GORLA, Gino. *El Contrato*. Barcelona: Bosch – Casa Editorial, 1959, v. I.

——. La 'logica-illogica' del consensualismo o dell'incontro dei consensi e il suo tramonto. *Rivista di Diritto Civile*, 1966/3/255.

GROSSO, Giuseppe. *Il Sistema Romani dei Contratti*. 2. ed. Turim: G. Giappichelli, 1949.

GUARNERI, Attilio. Meritevolezza dell'interesse e utilità sociale del contratto. *Rivista di Diritto Civile*, 1994, parte I/799.

HOUIN, Roger. Les situations de fait. Travaux de l'Association Henri Capitant pour la Culture Juridique Française. Paris: Dalloz, 1960.

HUC, Théophile. *Commentaire théorique et pratique du code civil*. Paris: Librairie Cotillon, F. Pichon, Sucesseur, Éditeur, 1884, t. VII.

IRTI, Natalino. Itinerari del negozio giuridico. *Letture bettiane sul negozio giuridico*. Milão: A. Giuffrè Editore, 1991.

——. Scambi senza accordo. *Rivista Trimestrale de Diritto e Procedura Civile*, 1998-1/347.

KASER, Max. *Direito Privado Romano*. Lisboa: Fundação Calouste Gulbenkian, 1999.

KIRALFY, A. K. R. *The English Legal System*. 5. ed. Londres: Sweet & Maxwell, 1973.

LARENZ, Karl. *Derecho de Obligaciones*. Madri: Editorial Revista de Derecho Privado, s.d., t. I.

LAURENT, F. *Principes de droit civil français*. 5. ed. Bruxelles: Bruyllant-Christophe et Cie. Éditeurs, 1893, t. XVI.

LÉVY, J.Ph., Le droit romain en Anjou, Bretagne, Poitou (d'après les coutumiers). *IRMAE*, Pars, V, 4, 'b', 1976.

LIPARI, Nicolò. Rapporti di cortesia, rapporti di fatto, rapporti di fiducia (Spunti per una teoria dal rapporto giuridico). *Rivista Trimestrale di Diritto e Procedura Civile*, 1968/2/415.

MALECKI, Catherine. *L'exception d'inexécution*. Paris: LGDJ, 1999.

MARQUES, Cláudia Lima. Contratos no Código de Defesa do Consumidor. 2. ed. São Paulo: RT, 1995.

MARTY, Gabriel; RAYNAUD, Pierre. *Droit civil – les obligations*. 2. ed. Paris: Sirey, 1983, t. I, "Les sources".

MAURY, Jacques. Le concept et le rôle de la cause des obligations dans la jurisprudence. *Revue Internationale de Droit Comparé*, 1951/3/485.

MEHREN, Arthur T. von. Civil-Law Analogues to Consideration: An Exercise in Comparative Analysis. *Harvard Law Review*, 72/1009.

MENEZES CORDEIRO, Antonio. *Da Boa-fé no Direito Civil*. Coimbra: Almedina, 1984, v. I.

MESSINEO, Francesco. Contratto irregolare (di fatto) e ad effetto irregolare. *Enciclopedia del Diritto*, v. X.

——. *Doctrina General del Contrato*. Buenos Aires: Ediciones Jurídicas Europa-América, 1986, t. II.

MIRABELLI, Giuseppe. *L'Atto non Negoziale nel Diritto Privato Italiano*. Nápoles: Casa Editrice Dott. Eugenio Jovene, 1955.

MIRANDA, Custódio da Piedade Ubaldino. *Teoria Geral do Negócio Jurídico*. São Paulo: Atlas, 1991.

MOCCIA, Luigi. Promessa e Contratto (Spunti storico-comparativi). *Rivista di Diritto Civile*, 1994/6/819.

MOREIRA ALVES, José Carlos. *Direito Romano*. 5. ed. Rio de Janeiro: Forense, 1995, v. II.

MOTTA, Antonio. *La Causa delle Obbligazioni nel Diritto Civile Italiano*. Turim: Fratelli Bocca, 1929.

MOURLON, Frédéric. *Répétitions écrites sur le code civil*. Paris: Garnier Fréres, 1885, t. II.

NOIREL, Jean. Le droit civil contemporain et les situations de fait. *Revue Trimestrielle de Droit Civil*, 1959.

OPPO, Giorgio. Disumanizzazione del Contratto?. *Rivista di Diritto Civile*, 1998/2/525.

PELLICANÒ, Aldo. *Causa del Contratto e Circolazione dei Beni*. Milão: A. Giuffrè Editore, 1981.

——. L'astrazione causale nella ideologia dello scambio. *Rivista Trimestrale di Diritto e Procedura Civile*, 1977/2/855.

——. La presupposizione. *Rivista Trimestrale di Diritto e Procedura Civile*, 1976-3/1636.

PELLOSO, Carlo. "Le origini aristoteliche del συνάλλαγμα di Aristone" *in* La compravendita e l'interdipendenza delle obbligazioni nel diritto romano. Milão, Cedam, 2007, tomo I.

PEREIRA, Caio Mário da Silva. *Instituições de Direito Civil*. 8. ed. Rio de Janeiro: Forense, 1990, vv. I e III.

PLANIOL, Marcel; RIPERT, Geoges. *Traité pratique de droit civil français*. 2. ed. Paris: LGDJ, 1952, t. VI.

PONTES DE MIRANDA, F. C. *Tratado de Direito Privado*. 4. ed. São Paulo: RT, 1984, t. III, XXIII, XXVI, XXXVIII.

POTHIER, Robert Joseph.. *Tratado de las Obligaciones*. Buenos Aires: Editorial Heliasta S.R.L., 1993.

PUGLIATTI, Salvatore. La violontà elemento essenziale del negozio giuridico. *Rivista del Diritto Commerciale*, 1940/I/235.

PUGLIESE, Giovanni. *Istituzioni di Diritto Romano*. 3. ed. Turim: G. Giappichelli Editore, 1991.

RICCA, Lucio. Motivi. *Enciclopedia del Diritto*, v. XXVII.

RICCOBONO, Salvatore. La formazione della teoria generale del *contractus*. *Studi in Onore a Pietro Bonfante*. Milão, 1930.

RIPERT, Georges. *La règle morale dans les obligations civiles*. 4. ed. Paris: LGDJ, 1949.

ROPPO, Enzo. *O Contrato*. Coimbra: Almedina, 1988.

SACCO, Rodolfo. Negozio Giuridico (Circolazione del modello). *Digesto della Discipline Privatistiche – Sezione Civile*. Turim: UTET, 1995, v. XII.

——. Trattato di Diritto Privato – Obbligazioni e Contratti. Turim: UTET, 1991, t. 2, p. 322.

——; DE NOVA, Giorgio. *Il Contratto*. Turim: UTET, 1993, t. I, cap. VI.

SANTORO, Raimondo. La Causa delle Convenzioni Atipiche. *Causa e Contratto nella Prospettiva Storico-Comparatistica*. Turim: G.Giappichelli Editore, 1997.

SCALISI, Vicenzo. *Il Negozio Giuridico tra Scienza e Diritto Positivo*. Milão: A. Giuffrè Editore, 1998.

——. La teoria del negozio giuridico a cento anni dal BGB. *Rivista di Diritto Civile*, 1998/5/535.

SCHIAVONE, Aldo. Negozio giuridico (dir. rom.). *Enciclopedia del Diritto*, v. XXVII.

SCHULZ, Fritz. *Derecho Romano Clásico*. 1. ed. espanhola. Barcelona: Bosch Casa Editorial, 1960.

SCIALOJA, Vittorio. *Negozi Giuridici*. 3. reimpressão. Roma: Società Editrice del Foro Italiano, 1933.

SCONAMIGLIO, Claudio. Tradizione e novità nella disciplina della causa del negozio giuridico (dal Cod. Civ. 1865 al Cod. Civ. 1942). *Rivista del Diritto Commerciale*, 1986/I/127.

SCONAMIGLIO, Renato. Commentario del Codice Civile – Dei Contratti in Generale (Disposizioni Preliminari – Dei Requisiti del Contratto). Roma: Società Editrice del Foro Italiano, 1970.

SERPA LOPES, M. M. de. *Curso de Direito Civil*. 6. ed. Rio de Janeiro: Freitas Bastos, 1988, v. I.

——. *Curso de Direito Civil. Fontes das Obrigações: Contratos*. 4. ed. Rio de Janeiro: Livraria Freitas Bastos S/A, 1991, v. III.

SOMMA, Alessandro. Autonomia Privata e Struttura del Consenso Contrattuale (Aspetti Storico-Comparativi di una Vicenda Concettuale). Milão: A. Giuffrè Editore, 2000.

——. La nozione de 'Vertrag' e la patrimonilitá del rapporto. *Rivista Trimestrale di Diritto e Procedura Civile*, 1996/4/1225.

STELLA RICHTER, Giorgio. Contributo allo studio dei rapporti di fatto nel diritto privato. *Rivista Trimestrale di Diritto e Procedura Civile*, 1970, I/151.

STOLFI, Giuseppe. *Teoria del Negocio Juridico*. Madri: Editorial Revista de Derecho Privado, 1959.

TALAMANCA, Mario. La Tipicità dei Contratti Romani fra 'Conventio' e 'Stipulatio' fino a Labeone. *Contractus e Pactum – Tipicità e Libertà Negoziale nell'Esperienza Tardo-Repubblicana*. Roma: Edizioni Scientifiche Italiane, 1990.

TEEVEN, Kevin M. *A History of the Anglo-American Common Law of Contract*. Westport, Connecticut: Greenwood Press, 1990.

TEPEDINO, Maria Celina Bodin de Moraes. O procedimento de qualificação dos contratos e a dupla configuração do mútuo no direito civil brasileiro. *Revista Forense*, 309/33.

VACCARI, Pietro. Diritto longobardo e letteratura longobardistica intorno al diritto romano. *IRMAE*, Pars I, 4b ee, 1966.

VAVOUSKOS, Constantin. L'Évolution historique du droit privé en Grèce. *Estudios de Historia del Derecho Europeo – Homenaje al Prof. G. Martínez Díez*. Madri: Editorial Complutense, 1994, v. 1.

VENCHIARUTTI, Angelo. Contratti dell'incapace nel diritto inglese. *Scritti in Onore de Rodolfo Sacco*. Milão: A. Giuffrè Editore, 1994, t. I.

VENEZIAN, Giacomo. La causa dei contratti. *Causa e consideration*. Pádua: Cedam, 1984.

VILLEY, Michel. *La Formación de la pensée juridique moderne*. 4. ed. Paris: versão datilografada, 1975.

——. Préface historique à l'étude des notions de contrat. *Archives de Philosophie du Droit*, n° 13/1.

VISMARA, Giulio. Edictum Theodorici. *IRMAE*, Pars I, 2, b aaα, 1967.

YVERS, Jean. Le droit romain en Normandie. *IRMAE*, Pars V, 4, a, 1976.

Impressão:
Evangraf
Rua Waldomiro Schapke, 77 - POA/RS
Fone: (51) 3336.2466 - (51) 3336.0422
E-mail: evangraf.adm@terra.com.br